FALKEN-BIOTHEK

FALKEN-BIOTHEK

Ingrid Gabriel

Der Biogarten unter Glas und Folie

Ganzjährig erfolgreich ernten

FALKEN VERLAG

Von Ingrid Gabriel sind in dieser
Reihe erschienen:
»So wird mein Garten zum Biogarten«,
»Gesunde Pflanzen im Biogarten«,
»Neuanlage eines Biogartens«,
»Der biologische Zier- und Wohngarten«.

CIP-Kurztitelaufnahme der Deutschen
Bibliothek

Gabriel, Ingrid:
Der Biogarten unter Glas und Folie :
ganzjährig erfolgreich ernten /
Ingrid Gabriel. –
Niedernhausen/Ts. : Falken-Verlag, 1984.
  (Falken-Bücherei) (Falken-Biothek)
  ISBN 3-8068-0722-1

ISBN 3 8068 0722 1

© 1984 by Falken-Verlag GmbH,
6272 Niedernhausen/Ts.
Titelbild: Firma Beckmann
Fotos: Ingrid Gabriel, Dr. Barbara Elers,
Ruth Matthias;
Gewächshausfirmen:
Beckmann, Engel, Feddersen, Krieger,
Pergart, Schumm, Terlinden, VAW.
Zeichnungen: Ingrid Gabriel,
Elke Steinkopff, Theresa Verspohl,
Marianne Viertel.
Die Ratschläge in diesem Buch sind von
Autor und Verlag sorgfältig erwogen und
geprüft, dennoch kann eine Garantie
nicht übernommen werden. Eine Haftung
des Autors bzw. des Verlages und seiner
Beauftragten für Personen-, Sach- und
Vermögensschäden ist ausgeschlossen.
Satz: LibroSatz, 6239 Kriftel
Druck und Bindung: Freiburger Graphische
Betriebe, 7800 Freiburg im Breisgau

Inhalt

Einführung 8
Vorteile im naturnahen Garten 8
Schadstoffe unter Glas und Folie 9
Drei Ernten im Jahr 11
Das ganze Jahr in Gemeinschaft mit Pflanzen 11

Auf den Boden kommt es an 12

Pflanzenanzucht hat viele Vorteile 14
Samenzucht 15
Anzuchterde 16
Saatbäder 17
Säen und pflanzen 18

Vlies und Folie bringen frühere Ernten 22
Mulch-, Loch- und Schlitzfolie 23

Folientunnel 28

Mistbeet, Frühbeet, Wanderkasten 32
Bau eines Frühbeetkastens 34
Kombinationen 35

Gewächshäuser 38
Aussicht in die Tropen 42
Foliengewächshäuser 44
  Isolierung 45
  Heizung 45
    Beta-Solar-Wärmespeicher 45
    Heizungen 46
  Lüftung 46
  Klimazonen 48
Kunststoffgewächshäuser 50
Glas- und Plexiglasgewächshäuser 51
  Fundamente und Sockel 51
  Das Material für die Konstruktion 52
  Abdeckung 52
Solargewächshäuser 56
  Fundamente, die warm halten 56
  Standort 58
  Neigungswinkel 58
  Wärmespeicherung 60

Bauvorschriften 62

Gewächshauszubehör 64
Bewässerung 64
Heizung 67
Lüftung 68
Meßgeräte 69
Schattierung 70
Stellflächen 71

Gartengeräte für Gewächshauskulturen 72

Gewächshaus und Gesundheit 74
Wie man Nitratanreicherung weitgehend verhindert 74
Asbest 75
Spanplatten 75
PVC 75
Wärme- und Holzschutz 75

Inhalt 7

Bausätze zum Selbermachen und Eigenkonstruktionen 76
Holzschutz 77
Das Holzfundament 77
Gewächshauskonstruktion 78
   Verschalung 79
   Das Dachdecken 79
   Transparente Abdeckung 79
   Innenausbau 80

Hügel- und Hochbeet im Gewächshaus 82
Das Hügelbeet 82
Das Hochbeet- oder Bankbeet 85

Gewächshaus ohne Gartenboden auf Terrasse und Dach 86

Biologische Pflanzenanzucht 88
   Nährstoffbedürfnis der wichtigsten Gemüse 91
Vermehrung durch Stecklinge 94

Fruchtfolge und Mischkultur 96

Kalthausnutzung 98

Warmhausnutzung 100

Beliebte Gewächshaus-Nutzpflanzen auf einen Blick 102

Kiwis, Erdbeeren und Wein im Gewächshaus 112

Biologische Abwehr von Schädlingen im Gewächshaus 114

Pflege von Vlies, Folie und Glas 118

Bezugsquellen in alphabetischer Reihenfolge 120

Bezugsquellen-Sachverzeichnis 123

Register 127

Einführung

Welcher Gartenbesitzer hat nicht schon einmal den Wunsch gehegt, ein Gewächshaus zu besitzen? Sei es, weil er gern frostempfindliche südliche Gewächse überwintern will, eine eigene Pflanzenanzucht von Sommerblumen und Gemüse gekauften Jungpflanzen vorzieht oder sich innerhalb eines Jahres frühere Ernten erhofft. Vielleicht möchte er auch zu Weihnachten reife Tomaten ernten, endlich einmal Kiwis in unseren Breiten erfolgversprechend anpflanzen, oder er schwärmt von einer Kakteen- und Orchideenzucht: Immer erscheint ein Gewächshaus die Voraussetzung für die Erfüllung dieser Wünsche zu sein.

Eine gute Vorbedingung für den Erfolg im Gewächshaus ist auf jeden Fall ein eigener Garten, den man schon einige Jahre gepflegt hat. Denn der Gewächshausbesitzer hat es leichter, wenn er bereits weiß, welche Ansprüche an Boden, Licht, Wärme und Feuchtigkeit die verschiedenen Pflanzen stellen.

Träume von einem Gewächshaus lassen sich heute leicht verwirklichen, denn es gibt eine Reihe ausgereifter Fertigmodelle mit entsprechendem Zubehör für jeden Anspruch und auch für den bescheidenen Geldbeutel. Man kann ein Gewächshaus auch selber aus Fertigteilen aufbauen; wer handwerkliches Geschick besitzt, ist durchaus in der Lage, mit Holzlatten, vorgefertigten Steckverbindungen und Folie selbst ein Gewächshaus zu errichten.

Nicht immer muß es ein Gewächshaus sein. Die Anzucht von Jungpflanzen und damit die Verfrühung der Ernte schafft man auch mit bescheideneren Mitteln wie einem Anzuchtkasten auf der Fensterbank, dem Frühbeet und dem Folientunnel. Schon der Einsatz von Verfrühungsvlies, Loch- und Schlitzfolien verlegt die Erntezeit vor und läßt Gemüse bis in den späten Herbst hinein wachsen, ohne daß Frostschäden auftreten.

Vorteile im naturnahen Garten

Welche besonderen Vorteile haben alle diese Einrichtungen nun für den Biogärtner?

Da ist zuerst einmal die Pflanzenanzucht aus Samen. Wenn man nicht selbst Samen im eigenen Garten unter biologisch einwandfreien Bedingungen erzeugt, kann man ihn aus biologisch-dynamischem oder organischem Anbau kaufen. Pflanzen aus diesen Samen, die unter ökologischen Gesichtspunkten herangezogen wurden, sind schon von vornherein weniger anfällig für Schädlingsbefall und Pflanzenkrankheiten. Ohne die Einrichtungen aus Glas und Folie müßte der Biogärtner zu lange warten, bis er Jungpflanzen im Freiland heranziehen kann. Die Ernte würde sich gegenüber der konventionell angebauten verspäten. Da bliebe nichts anderes übrig, als Pflanzen zu kaufen, die bereits mit chemischen Düngemitteln versorgt und vielleicht bereits mit einem Insektizid behandelt wurden. Mit den Pflanzen bringt man Erde in seinen Garten, von der man nicht weiß, was sie alles enthält.

Frühbeete, Verfrühungsvlies, Folientunnel, Folien, die die Erde oder Pflanzen und Erde abdecken, sowie Gewächshaus bilden eine solche Ergänzung zum Freilandanbau, daß man kontinuierlich das ganze Jahr hindurch sein biologisch gezogenes Gemüse ernten kann. Das bedeutet mehr Sicherheit vor Rückständen und weniger Schadstoffe in der Ernährung.

Schadstoffe unter Glas und Folie

Man sollte meinen, Pflanzen unter Glas oder Folie würde der saure Regen nicht erreichen. Das stimmt. Unmittelbar betroffen sind Pflanzen, die ein durchsichtiges Dach schützt, vom sauren Regen nicht, aber die Bedingungen, unter denen wir heute leben, sind komplizierter.

So entnehmen wir dem Garten unter freiem Himmel Erde für die Anzuchtkästen. Wind bringt Autoabgase und Industrieemissionen unter Umständen von weit her.

Diese Schadstoffe dringen überall ein, auch in jedes Gewächshaus. Es ist ja nicht hermetisch von der Außenwelt abgeschlossen, sondern muß sogar täglich belüftet werden.

Das gilt auch für die Immissionen von Pflanzenschutzmitteln. Es ist nie ganz windstill. Wenn diese Mittel in der Nähe eines biologischen Gartens ausgesprüht werden, ist er je nach Windrichtung mitbetroffen, aber immerhin halten Glas und Folie doch einen Teil der Schadstoffe ab. Ganz hören diese Schädigungen erst auf, wenn Pflanzenschutzmittel nicht mehr benutzt werden. Jemand, der seine Familie und sich gesund-

Beckmann-Foliengewächshaus nach den Maifrösten ohne Luftpolsterfolie.

heitsbewußt ernähren will, muß wissen, daß Salat im Gewächshausanbau – ob nun biologisch oder nicht – im Winter sehr nitrathaltig ist.

Nitrat ist eine Stickstoffverbindung (NO_3), von der ein 60 kg schwerer Mensch nach Empfehlung der Weltgesundheitsorganisation (WHO) nicht mehr als 219 mg täglich aufnehmen soll. Sowohl im konventionellen als auch im biologischen Anbau von Salat im Gewächshaus wird dieser Grenzwert schnell erreicht und überschritten, wobei das Folgeprodukt Nitrit noch nicht berücksichtigt ist. Werte von 2000 bis 2800 mg/l Nitratgehalt sind keine Seltenheit.

Eigene Versuche haben ähnlich hohe Nitratanreicherungen für Radieschen, Gartenkresse, Petersilie und Feldsalat aus dem Gewächshaus ergeben.

Für Mangold und Winterpostelein lagen die Werte bei 50 mg/l, für Salatgurken bei 200 mg/l.

Pflanzen, die dicht neben den Gemüsen mit hohen Nitratwerten im Gewächshaus wuchsen (wie Schnittlauch, Zwiebeln, Knoblauch, Kapuzinerkresse, Borretsch und Rosmarin) wiesen so gut wie gar keinen Nitratgehalt auf.

Erwähnenswert ist außerdem, daß das biologisch gezogene Gewächshausgemüse im Gegensatz zu dem konventionell angebauten keine Fungizid- und Insektizidrückstände enthält.

Pflanzen aus biologischem Anbau (wie Möhren, Sellerie, rote Bete, Pastinaken und Kohl), die man im Winter gut einlagern kann, und solche biologisch angebauten Gemüse (wie Rosenkohl, Grünkohl, Feldsalat, Schwarzwurzel, Porree und Topinambur), die im Winter geerntet werden können, enthalten kaum Nitrat.

Aus diesen Untersuchungen ergibt sich, daß man für die Ernährung im Winter hauptsächlich eingelagertes Gemüse oder im Winter erntbares Freilandgemüse aus biologischem Anbau bevorzugen sollte. Bei grünem Gewächshausgemüse sollte man selber testen. Das läßt sich für jeden Laien ohne großen Aufwand mit Nitrat-Teststäbchen »Merckoquant 10020« der Firma Merck machen.

Schnell wachsender Winterpostelein und eine Reihe von Kräutern scheinen weniger

Im wohnlichen Anlehngewächshaus kann man mit den Pflanzen die Frühlingssonne genießen (Terlinden-Gewächshaus).

Nitrat anzureichern als Kopf- und Pflücksalat oder Radieschen.

Der hohe Nitratgehalt bei einem Teil der Gewächshausgemüse im Winter hängt mit den Lichtverhältnissen zusammen. Frostempfindliche Gemüse lassen sich im Winter nur im Warmhaus anbauen. Das Gewächshaus muß also gut isoliert sein und geheizt werden. Deshalb wird das Glashaus gut abgedichtet, das Folienhaus mit einer Luftpolsterfolie ausgekleidet. Die tägliche Lüftung verhindert das Beschlagen der Innenwände mit winzigen Wassertropfen nicht. So wird das ohnehin im Winter nicht besonders helle Tageslicht wesentlich eingeschränkt. Der Lichtverlust kann 50% betragen.

Pflanzen brauchen Licht für die Umsetzung von Stickstoffverbindungen in arteigenes Eiweiß. Gerade die feuchte Wärme im Gewächshaus läßt Ammoniak (NH_3), ein Abbauprodukt der Bodenorganismen, aufsteigen. Die Pflanzen nehmen dieses Gas auf und wandeln es mit Hilfe des Lichtes um. Bei wenig Licht geht die Umsetzung langsamer vor sich als bei hellem Tageslicht. Dadurch reichert sich Nitrat (NO_3) in den Pflanzen an. Morgens, nach der dunklen Nacht, ist die Nitratkonzentration in den Pflanzen am größten, abends am geringsten. Darauf sollte man seine Gemüseernte einrichten.

Eine Lichtverstärkung erreicht man auch mit kieselhaltigen biologischen Spritzmitteln. Hier sind vor allem das Hornkieselpräparat Nr. 501 und Schachtelhalmtee, -brühe oder -jauche einzusetzen.

Das Hornkieselpräparat ist auf jeden Fall zu verwenden. Es wird nach einer Vorbehandlung der Anzuchterden vor dem Säen und Pflanzen mit dem Hornmistpräparat Nr. 500 fein auf die heranwachsenden Pflanzen versprüht.

Beide Präparate gehen auf Empfehlungen von Rudolf Steiner, dem Begründer der Anthroposophie, zurück. Der Autor des Buches »Gärtnern, Ackern – ohne Gift«, Alwin Seifert, sagte von diesen Präparaten, sie wirkten wie ständiger Sonnenschein. Diese lichtverstärkenden Eigenschaften der Präparate macht sich der Biogärtner im Gewächshaus zunutze, wenn er den Nitratgehalt seines Gewächshausgemüses gering halten will.

Drei Ernten im Jahr

Salat, Radieschen und Rettiche lassen sich schon sehr früh im Freiland anbauen, wenn man Verfrühungsvlies Agryl P 17 verwendet.

Den Kopfsalat kann man im Gewächshaus vorziehen und ihn an einem trockenen und warmen Tag Ende Februar, Anfang März – das ist je nach der Gegend verschieden – ins Freie pflanzen.

Unter diesem Vlies angebaute biologisch gezogene Gemüse reichern genauso wenig Nitrat an wie Freilandgemüse. Das bei der Vorkultur im Gewächshaus angereicherte Nitrat wird bei der Weiterkultivierung im Freiland wieder abgebaut.

Je kleiner ein Garten ist, desto besser wird er unter Mitverwendung von Glas, Folie und Vlies ausgenutzt. Bei geschickter Planung erreicht man 3 Ernten im Jahr.

Das ganze Jahr in Gemeinschaft mit Pflanzen

Während Folientunnel, Vlies und Frühbeete im Garten wenig auffallen, ist ein Gewächshaus, und wenn es auch noch so bescheiden in seinen Maßen ist, nicht zu übersehen. Besonders ein Glashaus kann ein Schmuckstück für jeden Garten sein. Aber auch ein Folienhaus, durch das geheimnisvolles Grün leuchtet und in kalten Jahreszeiten allerlei Blütenfarben schimmern, läßt uns gleichzeitig verschiedene Jahreszeiten und Wachstumsperioden der Pflanzen erleben. Durch Anlehngewächshäuser oder teilverglaste Terrassen können schöne Übergänge zwischen Haus und Garten für sonnige Winterstunden geschaffen werden.

Auf den Boden kommt es an

Biologischer Anbau beginnt mit der Pflege des Bodens. Für die Kultivierung im Gewächshaus trifft das ebenso zu wie für den Anbau im Freiland.

Grundbedingung für ein gesundes Pflanzenwachstum ist ein tief gelockerter Boden. Diesen erreicht man mit dem Abtragen der obersten Bodenschicht (etwa 15 cm). In diesem Oberboden arbeiten eine Menge ganz bestimmter Bodenorganismen. Gräbt man sie unter, gehen sie in tieferen Bodenschichten zugrunde. Denn alle Bodenorganismen leben in einer für sie lebenswichtigen Schicht des Bodens.

Die Bodenorganismen sind die Förderer des Bodens überhaupt. Die ganze Arbeit am Boden, auch das Düngen, ist eine sorgfältige Pflege der Bodenorganismen, von denen wir nur einige größere kennen, weil sie mit bloßem Auge zu sehen sind. Käfer, Würmer, Ameisen, Asseln und Vielfüßler sind aber nur der zahlenmäßig kleinere Teil der Bodenorganismen, während die unsichtbaren in einer Schaufel Erde zu Zigtausenden vertreten sind. Diese Bodenorganismen muß man füttern, damit sie sich vermehren und an der Herstellung von Humus arbeiten.

Man trägt also 15 cm Oberboden ab und häuft ihn irgendwo neben dem Bereich, den man lockern will, auf. Dann sticht man mit der Grabegabel senkrecht in den Unterboden und bewegt die Gabel nach vorn und hinten. So entsteht eine Feinkrümelung. Bei schweren Ton-Lehm-Böden kann man diese Schicht umgraben. Günstig ist es in jedem Fall, Alginure-Bodengranulat beim Lockern einzuarbeiten. Dieses Granulat enthält stabile Ton-Humus-Komplexe, hält Feuchtigkeit und sorgt dafür, daß der Boden locker bleibt und keine Nährstoffe ausgewaschen werden.

Nach dem Lockern wird der Oberboden wieder aufgetragen.

Schon 1 Woche vor der Bodenbearbeitung bereitet man sich eine Düngermischung.

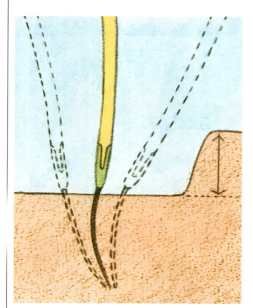

Tiefenlockerung des Bodens mit der Grabegabel: Vorbedingung für gesundes Pflanzenwachstum.

Dazu braucht man für 100 m² Fläche
    12,5 kg Stallatico
    10   kg Luzian-Steinmehl
     5   kg Algomin
einige Schaufeln Erde
etwas Kompoststarter.

Stallatico ist ein kompostierter Dünger aus Rinder-, Schaf- und Pferdemist; Luzian-Steinmehl besteht aus fein gemahlenem Urgestein; Algomin wird an der französischen Atlantikküste aus den Skeletten der Rotalgen gewonnen. Solange diese im Wasser sind, sehen sie rot aus. Daher auch der Name Korallalgenkalk. An der Luft werden sie weißlich. In den Handel kommen sie fein vermahlen.

Stallatico, Luzian-Steinmehl und Algomin werden mit etwas Erde vermischt auf einer kleineren Fläche ausgebreitet, dann mit etwas Kompoststarter versehen und nochmals gut vermischt und mit so viel heißem Wasser aus einer Gießkanne überbraust, daß alles gut feucht ist, ohne zu einem nassen Brei zu werden. Diese Masse setzt man zu einem Kegel auf und läßt sie mit Folie abgedeckt 1 Woche ruhen.

Stallatico enthält Bodenorganismen in getrockneter Form. Die feuchte Wärme in dem Kegel erweckt diese zu regem Leben. Nach dieser Woche wird das Konzentrat bei trübem Wetter auf den gelockerten Gartenboden ausgebracht und mit dem Oberboden vermischt. Nun können die Bodenorganismen ans Werk gehen und einen guten Gartenboden bereiten.

Dabei müssen die kostbaren Bodenorganismen unterstützt und geschützt werden. Der Boden darf weder der prallen Sonne noch prasselnden Regengüssen ohne Schutz ausgesetzt sein. Deshalb sät man Gründüngungspflanzen aus.

Ölrettich wächst schnell, durchwurzelt den Boden sehr gut und kann im frühen Frühjahr ausgesät werden. Im Mai wird er umgemäht oder gehackt. Die Wurzeln bleiben in der Erde. Sie dienen den Bodenorganismen als Nahrung und hinterlassen Gänge, in denen sich Bodenorganismen aller Art ansiedeln. Später benutzen die Kulturpflanzen diese Gänge für ihre Wurzeln. So können sie leicht tief in die Erde dringen und sich in trockenen Zeiten Feuchtigkeit aus der Tiefe holen.

Die abgemähten Grünpflanzen läßt man als Bodenbedeckung auf der Erde liegen. Dazwischen kann man jetzt Samen aussäen oder Pflanzen setzen.

Will man seinen Gartenboden noch besser vorbereiten, sät man nach dem Ölrettich Rotenburger Kombi-Gemenge, eine schnellwüchsige Leguminosenmischung, die den Boden den Sommer über mit farbenfrohen Blütenpflanzen schützt. Die Leguminosen sorgen neben Humusaufbau und Bodenbedeckung für Stickstoffanreicherung im Boden, da ihre Wurzeln in Symbiose mit luftstickstoffbindenden Bakterien leben.

Im Herbst mäht man das Gemenge ab und hat einen sehr gut vorbereiteten Boden, entweder für das Gewächshaus, das Frühbeet oder folienbedeckte Erde. Zusätzlich kann man fingerdick reifen Kompost ausstreuen. Dünger mischt man wenigstens 1 Woche vor dem Ausbringen mit Kompost und läßt ihn mit Blättern, Gründüngung oder Folie abgedeckt ruhen.

Weitere Verbesserungen des Bodens und die Zubereitung verschiedener Komposte sind in dem Buch dieser Serie »So wird mein Garten zum Biogarten« ausführlich beschrieben.

Ölrettich, eine Gründüngungspflanze, mit der Gartenboden gut für gesunde Kulturpflanzen vorbereitet wird.

Pflanzen-anzucht hat viele Vorteile

Wer kein Gewächshaus hat, oder wenn dieses nicht die richtige Keimtemperatur für Samen aufweist, weil es mit Pflanzen gefüllt ist, die weniger hohe Temperaturen benötigen, der schafft sich Saatschalen an. Mit solchen Saatschalen, die aus einem flachen Behälter und einer durchsichtigen Haube bestehen, kann man seine Kopfsalat-, Kohl- oder Tomatenpflänzchen ebenso ziehen wie Topfpflanzen, Geranien oder Petunien für den Balkon und einjährige Blumen für den Garten.

Eine eigens dafür konstruierte Heizplatte ermöglicht auch das Aufstellen der Saatschale im niedriger temperierten Gewächshaus. Petunien benötigen beispielsweise 20–22°C zum Keimen. Überwinternde Topfpflanzen brauchen jedoch wesentlich geringere Temperaturen. Auch die pikierten Pflanzen kommen mit weniger Wärme aus. Mit einer Heizplatte lassen sich unterschiedliche Bedingungen erfüllen.

Eine eigene Pflanzenanzucht hat viele Vorteile. Der Biogärtner kann sich Samen aus biologischem Anbau besorgen. Daraus ergibt sich schon eine Voraussetzung für ein gesundes Wachstum.

Saatgut mit so verheißungsvoll klingenden Namen wie »Bioselekt«, »Biostart« oder

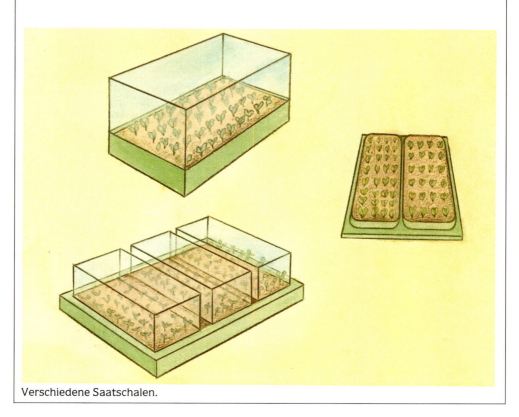

Verschiedene Saatschalen.

»Natursamen«, ist nicht etwa aus naturgemäßem Anbau gewonnen. Es handelt sich um Sorten, die eine geringere Krankheitsanfälligkeit besitzen oder deren Inhaltsstoffe durch Züchtung vermehrt worden sind, beispielsweise der Vitamingehalt. Manche Samen sind mit Kräuterextrakten behandelt oder umhüllt, um sie gegen Pilzbefall zu schützen, Pflanzenkrankheiten vorzubeugen und die Bewurzelung zu fördern.
Chemisch gebeiztes Saatgut ist für den Biogarten ebenso unbrauchbar wie pilliertes, dem oft nicht nur pilzhemmende und Schädlingsbekämpfungsmittel, sondern auch leichtlösliche Mineraldünger zugesetzt sind.

Samenzucht

Bei der eigenen Samenzucht achte man darauf, daß man keine Hybridsorte wählt, denn bei der Nachzucht spalten sich die Eigenschaften wieder in die der ursprünglichen Sorten auf. Hybriden sind das Ergebnis gezielter Kreuzungen. Aus dem größeren Arbeitsaufwand erklärt sich auch der höhere Preis.
Die eigene Samenzucht gewährleistet, daß man Saatgut aus biologischem Anbau zur Verfügung hat.
Für viele Pflanzen ist das ganz unproblematisch, so vor allem für ein- und mehrjährige Blumen.
Für die Samengewinnung benützt man die kräftigsten Pflanzen, schneidet die Blüten nicht ab, sondern läßt die Samen in den Samenkapseln ausreifen. Bei sonnigem, warmen Wetter erntet man die trockenen, aber noch nicht aufgesprungenen Kapseln und läßt sie an einem warmen, luftigen, aber schattigen Ort nachreifen. Erst am Ende des Winters schüttelt man die Samen aus ihren Kapseln.
Da bei fast allen Gemüsearten Wurzeln, Blätter oder Früchte geerntet werden, erlebt man die Samenbildung normalerweise nicht. Bei Bohnen und Erbsen verfährt man genauso wie bei Blumen.

Fleischige Früchte, wie Tomaten, Gurken und Paprika, pflückt man in völlig ausgereiftem Zustand und läßt sie an einem trockenen, warmen Ort liegen, bis sie fast zu faulen beginnen. Dann entnimmt man die Samen, wäscht sie gründlich in handwarmem Biosmonwasser und läßt sie auf einem saugfähigen Untergrund im Schatten trocknen.
Biosmon ist ein Gemisch aus Mineralsalzen, das dem Wasser zugesetzt wird. Es bindet Chlor und läßt freie Kohlensäure entstehen. Die positive Beeinflussung des osmotischen Drucks in den Pflanzenzellen läßt gesunde und abwehrkräftige Pflanzen entstehen. Biosmon sollte allen biologischen Gieß- und Spritzmitteln beigefügt werden.
Will man Kohlsamen gewinnen, so darf im 2. Sommer, in dem der Kohl blüht, nur eine Kohlart kultiviert werden, weil Kohl leicht Bastarde bildet. Nach dem 1. Sommer, in dem sich die Köpfe entwickeln, pflanzt man im Herbst die festesten, kräftigsten Kohlköpfe in Blumentöpfe und läßt sie im Keller oder Frühbeet überwintern. Im April kommen sie wieder ins Freiland, und die Samenstengel werden gut abgestützt. Die Samenschoten müssen gut vor Vögeln geschützt werden. Die ausgereiften Schoten werden ebenso wie andere Samenkapseln auch behandelt.
Knollenfenchel ist mehrjährig. Er wird im Herbst mit Laub gegen Frost abgedeckt und entwickelt seine Samen im nächsten Jahr.
Für die Pflanzenanzucht sollte man sich im Winter einen Plan machen. Es muß dabei berücksichtigt werden, wieviel Platz im Garten zur Verfügung steht, welche Lichtbedürfnisse die einzelnen Pflanzen haben, wieviel Platz im Gewächshaus für die pikierten Jungpflanzen erübrigt werden kann und in welcher Reihenfolge die Samen die Saatschalen beanspruchen. Es dürfen nicht zu viele Pflanzen auf einmal pikiert werden müssen. Die eigene verfügbare Zeit sollte ebenfalls einkalkuliert werden.
Auch die alten Samenbestände sollten gesichtet werden. Die Keimfähigkeit

beträgt bei Gemüse 3–4 Jahre, Sommerblumensamen keimt noch nach 4 Jahren. Dagegen muß Schnittlauch- und Schwarzwurzelsamen im vorherigen Herbst geerntet worden sein, wenn er keimen soll. Gurkensamen läßt sich noch nach 6–8 Jahren erfolgversprechend aussäen.

Die Keimfähigkeit kann man leicht ermitteln. Dazu feuchtet man Filter-, Löschpapier oder auch ein Papiertaschentuch in einem Teller an, streut 10 Samen darauf aus und deckt den Teller mit einer Glasscheibe ab. Etwas Luftzutritt muß gewährleistet sein. Auch eine Keimbox eignet sich für solche Versuche. Die Versuchsgefäße werden warm, aber nicht in direkter Sonne aufgestellt. Die Aussaatdichte richtet sich danach, wie viele Samen aufgehen, d. h., gehen im Versuch von 10 Samen nur 3 auf, muß man dreimal soviel Samen nehmen als üblich.

Ein weiterer Vorteil der eigenen Pflanzenanzucht ist, daß man nach günstigen Gesichtspunkten aussäen kann. Die Erde sollte für die Aussaat warm sein und ist deshalb schon wenigstens einen Tag vor der Aussaat vorzubereiten und die Saatschale an den Ort zu stellen, wo die Keimung vor sich gehen soll.

Anzuchterde

Die handelsüblichen Anzuchterden enthalten meist mineralische Industriedünger; die Beschreibungen auf den Verpackungen geben selten eindeutig Auskunft. Der irreführenderweise mit Düngetorf bezeichnete Torf enthält keine Dünger.

Ein Keimgerät kann nicht nur zur Anzucht von Kresse, sondern auch zur Ermittlung der Keimfähigkeit eingesetzt werden. Diese transparenten Schalen haben die richtige Feuchtigkeit.

Man darf mit dieser Arbeit auf keinen Fall so lange warten, bis die Samen eingesät werden sollen. Am besten ist es, die Anzuchterde schon im Sommer des Vorjahres herzustellen.

Als Grundlage dient meist Weißtorf, der wenig Nährstoffe enthält. Da Torf wegen der immer weniger werdenden Moore nicht mehr ohne Bedenken verwendet werden kann, ist Rindenhumus zu empfehlen, der aus den Baumrindenabfällen, die in den Sägewerken in Mengen anfallen, hergestellt wird.

Diese Grundlage mischt man mit 1/3 Oberboden aus dem Garten.

Damit in der Anzuchterde kein Unkrautsamen ist, muß man den Oberboden einige Male auflaufen lassen, das heißt, man brei-

Ausprobieren der Keimfähigkeit von alten Sämereien auf einem Teller, in dem der Samen auf ein feuchtes, saugfähiges Papier gelegt wird.

tet ihn aufgelockert aus, überbraust ihn nachhaltig mit Gießwasser und deckt ihn mit einer schwarzen Folie ab. Nach einigen Tagen haben sich Keimlinge von Unkrautsamen entwickelt. Sie werden ausgezupft. Der Vorgang wird noch 2- bis 3mal wiederholt. Dann kann man sicher sein, daß während der Anzucht von Kulturpflanzen kaum noch unerwünschte Samen keimen und von den Nährstoffen der Anzuchterde mitzehren.

Hier werden Kräuter ausnahmsweise zu Unkräutern, weil alle Kraft den keimenden Kulturpflanzen zugute kommen soll. Im allgemeinen sind Kräuter im Biogarten nicht unerwünscht. Zur Gesundung des Bodens sät man sie sogar gezielt aus. Zwischen heranwachsendem Gemüse hackt man Kräuter um und läßt sie als Bodenbedeckung liegen, damit die Sonne den Boden nicht austrocknet. Im Komposthaufen sind Kräuter erwünscht, weil die Inhaltsstoffe der Kräuter die verschiedensten günstigen Wirkungen auf Boden und Kulturpflanzen ausüben.

Zu Gartenerde und Rindenkompost oder Torf kommen 10% Gesteinsmehl dazu, 10% Tonmineral, beispielsweise Bentonit, 10% Korallalgenkalk, 5% Quarzsand und organischer Dünger wie Eco-Vital. Auch Kompoststarter wird zugesetzt. Alle diese Substanzen werden gut durchgemischt.

Verwendet man Torf, dann sollte man darauf achten, daß er noch feucht aus dem Sack entnommen werden kann. Ist er trocken, wird er zusammen mit den anderen Zutaten mit Wasser, dem man Alginure-Torf-Benetzungsmittel zugesetzt hat, überbraust. Alginure-Torf-Benetzungsmittel macht den Torf wieder aufnahmefähig für Wasser, da einmal durchgetrockneter Torf keine Wasserhaltefähigkeit mehr hat. Das Ganze muß so lange durchgemischt werden, bis sich die Feuchtigkeit gleichmäßig verteilt hat. Dann errichtet man einen Haufen und deckt diesen mit Laub, Rasenschnitt oder Rohrmatten ab.

Der aufgesetzte Haufen wird nun von Bodenorganismen aller Größen, bis zum Regenwurm, durchgearbeitet. Ist der Sommer sehr trocken, sollte man ab und zu prüfen, ob der Haufen noch ausreichend feucht ist. Andernfalls muß man ihn mit warmem Biosmonwasser, dem man einige Tropfen Baldrianblütenextrakt beimischt, überbrausen. Baldrian lockt Regenwürmer an.

Im Frühjahr hat man dann die beste Anzuchterde zur Verfügung. Sie wird von Fall zu Fall dem Haufen entnommen und im Gewächshaus mit einem kleinen feinmaschigen Sieb durchgesiebt. Keimlinge sind nämlich zart, und die Keimblätter sollen nicht durch harte Steine angeritzt werden.

Die feinkrümelige Anzuchterde füllt man in die Saatschale und läßt diese, mit der Haube bedeckt, ruhen, damit sich die Erde der Temperatur in der Küche, im Zimmer oder im Gewächshaus anpassen kann. Die untergelegte Heizplatte wird eingeschaltet, wenn es nötig ist.

Starkzehrer wie Kohl, aber auch Kopfsalat, bekommen eine ganz geringe Menge Eco-Vital auf den Boden der Saatschale. Die Pflanzen werden dadurch kräftig und danken mit einer satten Färbung.

Saatbäder

Will man die Pflanzen zusätzlich kräftigen, ihre Keimfähigkeit erhöhen und sie widerstandsfähig machen, erreicht man das mit einem Saatbad.

Muß man Samen kaufen, der nicht aus biologischem Anbau stammt, sollte er wenigstens ungebeizt sein. Gebeiztes Saatgut wird zur Befreiung von der chemischen Beizsubstanz mehrmals in handwarmem Biosmonwasser gewaschen.

Für die Saatbäder können eine Reihe von Mitteln verwendet werden. In der biologisch-dynamischen Wirtschaftsweise hat man sehr gute Erfahrungen mit Zubereitungen aus Hornmist oder Kompostpräparaten gemacht. Die positiven Ergebnisse haben zu einer bestimmten Zuordnung von Präparaten und Pflanzen geführt.

Saatbäder mit biologisch-dynamischen Präparaten

Das Hornmistpräparat ist für alle Kulturpflanzen geeignet, besonders aber für rote Bete, Spinat und Mangold.
Das Kamillenpräparat fördert Bohnen, Erbsen, Radieschen, Rettich und alle Kohlarten.
Das Baldrianpräparat wirkt günstig auf Chicorée, Gurken, Kürbis, Lauch, Paprika, Sellerie, Tomaten und Zwiebeln.
Das Eichenrindepräparat begünstigt das Wachstum aller Salatarten und der Buschbohnen.

Das Hornmistpräparat wird wie üblich 1 Stunde in Wasser gerührt; das Baldrianpräparat 10 Minuten. Von den zerstoßenen Kräuterpräparaten macht man eine Aufschwemmung. In 1 l Wasser wird 1 Teelöffel voll des betreffenden Präparates so lange verrührt, bis alle Teilchen genügend befeuchtet sind. Dann überläßt man den Ansatz 20–24 Stunden sich selbst, ehe man mit dem Saatbad beginnt.

Für das Saatbad bindet man den Samen in ein Stück weißen Leinen- oder Baumwollstoff. Das Säckchen wird 10–15 Minuten in das Saatbad gelegt. Anschließend breitet man den Samen auf einer saugfähigen Unterlage zum Trocknen aus und kann ihn noch am selben oder am nächsten Tag verwenden.

Die Saatbäder lassen sich während der ganzen Wachstumsperiode gebrauchen. Man bewahrt sie wie die Kompostpräparate in dunkelbraunen, zugeschraubten Glasgefäßen auf und versenkt diese in einen Kasten, der mit Torf gefüllt ist. Obendrauf kommt ein mit Torf gefüllter Sack, so daß die Gefäße ganz von Torf eingehüllt sind.

In der Abtei Fulda hat man gute Erfahrungen mit einem Saatbad mit Humofix gemacht, das ebenfalls 10 Minuten in Wasser gerührt wird. Bei diesem Verfahren bleiben die Samen zwischen 15 und 90 Minuten im Saatbad. Für alle Kohlarten sind 15 Minuten nötig, für die verschiedenen Salatsamen 1 Stunde, für Wurzelgemüse 1½ Stunden. Das Säckchen mit dem Samen legt man nach dem Bad 2–3 Stunden in leicht feuchte Erde. Anschließend wird gesät.

Auch Alginure-Wurzel-Dip oder das Gießmittel für das Keimlingsgerät von Bio-Kraft lassen sich als Saatbad verwenden.

Die Saatbäder werden wie die Aussaat an den für die betreffenden Pflanzen günstigen Aussaattagen, nach dem Aussaatkalender von Maria Thun, vorgenommen.

Saatbad: Leinen- oder Baumwollsäckchen in angesetzter Lösung.

Säen und pflanzen

Seit vielen Jahren gibt Frau Thun aufgrund langjähriger Versuche für jedes Jahr einen Aussaatkalender heraus, in dem die günstigsten Saat- und Pflanztermine angegeben sind, die sich aus den kosmischen Konstellationen ergeben. Bestimmte Stellungen von Sonne, Mond und Planeten führen zu besonders günstigen Einflüssen auf die Wurzel-, Blatt-, Blüten- und Fruchtbildung. Bei der Aussaat ins Freiland ist übrigens warmes Wetter zu bevorzugen. Säen bei

Säen und pflanzen

feuchtkaltem Wetter hat einen eher ungünstigen Einfluß auf den Erntetermin. Gleiches gilt bei der Aussaat im Kalthaus.
Ein Übersprühen der Anzuchterde vor der Aussaat mit dem Hornmistpräparat oder Brennesseljauche fördert die Gesundheit der Pflanzen zusätzlich.
Für die Aussaat zieht man bei größeren Samenkörnern – wie Radieschensamen – Rillen, in die man die Samen legt. Kleinere Samen streut man auf die Anzuchterde. Dann übersiebt man die Samen mit Anzuchterde und drückt diese leicht an, damit die Samen nicht vom Gießwasser freigelegt und weggeschwemmt werden. Sehr kleine Samen werden nicht mit Erde abgedeckt, sondern nur angedrückt.
Große Samen von Gurken, Melonen oder Sonnenblumen steckt man.
Anschließend wird die Erde mit warmem Wasser, dem man SPS zusetzt, und sanftem Strahl gründlich überbraust. Unter der Haube der Saatschale hält die Feuchtigkeit lange an, so daß erst nach einigen Tagen kontrolliert zu werden braucht, ob nachgefeuchtet werden muß. Der Samen darf nie trocken werden.
Nun warten wir ab, bis die Samen aufgelaufen sind. Das kann wenige Tage dauern, aber auch 2–3 Wochen. Tomatensamen keimen beispielsweise nach 1–2 Wochen.
Zuerst zeigen sich 2 Keimblätter, die für jede Pflanzenart eine ganz bestimmte Form haben.
Wenn sich die Keimblätter voll entwickelt haben, wird pikiert. Pikieren oder Vereinzeln nennt man das Verpflanzen der Sämlinge in noch verhältnismäßig geringe Abstände, jedoch in so große, daß die Jungpflanzen sich gut entwickeln können, bevor sie an ihren endgültigen Standort gepflanzt werden.
Die umgepflanzten Sämlinge brauchen nun keine Klarsichthaube mehr. Deshalb kann man Kunststoffschälchen, die sich leicht stapeln lassen, Pikierkistchen aus Holz,

Gurkenanzucht in Töpfen: Die Gurkenpflanzen sind reif zum Auspflanzen.

Flachsteigen aus Holz, wie man sie im Gemüsegeschäft bekommen kann, aber auch kleine Töpfe mit der gleichen Anzuchterde füllen, wie wir sie schon für die Aussaat verwendet haben.

Für Starkzehrer streut man vor dem Einfüllen der Erde wieder etwas Eco-Vital auf den Grund des Kastens. Tomaten, Kohl und Salat danken es mit kräftigem Wuchs.

Mit einem Pikierhölzchen sticht man Löcher so in die Erde, daß die Wurzeln der Pflänzchen genügend Platz haben. Dann lockert man jedes Pflänzchen vorsichtig mit dem Pikierhölzchen oder einem Spatel und sticht es in genügendem Abstand von der Wurzel aus. Mit Daumen und Zeigefinger faßt man die beiden Keimblätter ohne zu drücken und hebt das zarte Pflänzchen in seine Pflanzgrube.

Man drückt die Erde von allen Seiten etwas an, damit die Pflanzen beim Angießen nicht umfallen, und gießt gründlich mit SPS-Lösung.

Fachgerechtes Pikieren.

Im Gewächshaus herangezogene Rotkohlpflanzen werden vor dem Auspflanzen ins Freiland im Freien abgehärtet.

Kräftige Kopfsalatpflanzen: Auf den Boden der Anzuchtkiste wurde etwas Ecovital gestreut.

Nach dem Anwachsen, was gelungen ist, wenn sich die nächsten Blätter entwickeln, vertragen Starkzehrer schon hin und wieder einen Düngerguß. Am besten eignet sich Kräutertee in einer Verdünnung von 1 : 10 mit Biosmonwasser, Brennesseltee, Löwenzahntee oder Schachtelhalmtee. Letzterer beugt auch gleich gegen Pilzgefahr vor, die im Gewächshaus eher als im Freiland besteht.

Vorteile der eigenen Pflanzenanzucht
- Samen aus biologischem Anbau
- Samen aus dem eigenen Garten
- selbst zubereitete Anzuchterde
- auf den Bedarf der Pflanzen abgestimmte Anzuchterde
- Aussaat in warme Erde
- Aussaat bei warmem Wetter
- Aussaat nach dem Saatkalender
- Saatbäder für die Gesundheit der Pflanzen

Vlies und Folie bringen frühere Ernten

Das Anbaujahr wird allein durch die Anwendung von Vlies und Flachfolie beträchtlich verlängert. Es kann früher geerntet und die letzte Ernte wesentlich hinausgeschoben werden, weil beide Materialien die am Tag gespeicherte Wärme in die Nacht hinein halten, die Temperaturunterschiede abgemildert werden und es unter Vlies und Folie durchschnittlich etwas wärmer ist als im Freiland.

Die Ernteverfrühung und das Verschieben der Ernte von frostempfindlichen Gemüsearten in den Spätherbst sind aber nicht die einzigen Vorzüge der Abdecktechnik.

Bei diesem Verfahren bleibt das Unkraut fast ganz aus. Der Boden wird vor dem Austrocknen und vor zu starkem Einwirken von Sonne und Regen geschützt.

Das eingangs erwähnte Vlies Agryl P 17 aus thermisch gebundenen Polypropylen-Endlosfasern ist für den Hausgarten in einer Packung mit 15 × 1 m Vlies im einschlägigen Fachhandel zu erhalten. Es hat gegenüber den gelochten oder geschlitzten schwarzen Folien erhebliche Vorteile.

Das weiße Vlies ist sehr luftdurchlässig und dadurch kommt eine Überhitzung darunter nicht in Betracht. Es braucht bei Sonnenschein und hohen Außentemperaturen also nicht abgenommen zu werden.

Die Lichtdurchlässigkeit beträgt 85 % und verhindert damit und durch die ausgezeichnete Durchlüftung die Anreicherung von Nitrat im Gemüse.

Der Taubelag ist minimal, da das Vlies vielporig ist und der Tau gleichmäßig ins Erdreich sickert. Dadurch tritt praktisch keine Lichtminderung ein. Bei Frost bildet der dünne Taubelag einen schützenden Eispanzer, wodurch eine weitere Wärmeabgabe verhindert und ein überraschend guter Frostschutz gewährleistet wird.

Die Wasserdurchlässigkeit ist bei diesem porösen Material auch bei Regen oder Berieselung einwandfrei und gleichmäßig, so daß die Kulturen in Größe und Qualität ausgeglichen gedeihen. Eine Wasseransammlung auf dem Vlies kann nicht vorkommen, weil die Abstände zwischen den Poren nur die Dicke des Fadens haben.

Überhaupt ist das Vlies mit 17 g/m² sehr leicht. Man hat mit dem Auflegen keine Schwierigkeiten. Zur Randbefestigung genügt pro Meter ein Stein oder ein Spaten voll Erde. Es gibt keine Windschlag- und keine Randschäden. Zarte Salatsorten weisen keine Druckstellen auf. Alle Gemüse haben eine gute Ausfärbung. Kopfsalat wird von unten nicht durch Nässe geschä-

Hier deckt das Vlies Agryl P 17 jungen Kopfsalat ab.

digt, da Wasser schnell an der Oberfläche abtrocknet, ohne daß der Boden austrocknet. Gegen starke Platzregen und Hagelschlag schützt das Vlies ebenfalls.

Verwendet man beim Abnehmen des Vlieses etwas Sorgfalt, kann man es mehrfach auflegen. Bei starker Verschmutzung wäscht man es mit einem biologisch abbaubaren Waschmittel, das keine synthetischen Duftstoffe enthält, in der Waschmaschine durch.

Das Vlies verfrüht die Ernte durchschnittlich um 14 Tage, hält den Boden krümelig und locker. Unerwünschte Kräuter kommen auf mit Vlies bedecktem Boden kaum vor. Flüssigen Dünger kann man über das Vlies gießen oder sprühen.

Ein etwas schwereres, ebenfalls weißes Vlies, das dicker und dichter ist, heißt Delta-Frühbeet-Vlies und bietet oberhalb der Frostgrenze etwas mehr Wärmeschutz. Die Lichtdurchlässigkeit beträgt 70–80%.

Weißes Vlies wächst mit dem Gemüse mit und drückt es nicht.

Vorteile des weißen Vlieses

- Lichtdurchlässigkeit 85%
- sehr luftdurchlässig
- guter Frostschutz durch gefrorenen Tau
- leicht
- kein Hitzestau, deshalb kein Aufdecken nötig
- gleichmäßige Durchfeuchtung des Bodens bei Regen und Berieselung
- Mehrfachverwendung
- kein Nitrat im vliesgeschützten Gemüse

Mulch-, Loch- und Schlitzfolie

Im Erwerbsgartenbau haben sich die schwarzen Flachfolien als Mulch- und Überdeckungsfolien zur Verfrühung der Ernte, der Erhaltung der Bodengare und wegen der seit einigen Jahren wichtigen Energieeinsparung schon lange mit Erfolg durchgesetzt.

Die Ernteverfrühung beträgt durchschnittlich 14 Tage. Das Hinausschieben des Freilandanbaus unter Folie im Herbst bringt weitere zusätzliche Erträge ohne große Kosten, denn auch die Folien lassen sich bei vorsichtiger Abnahme mehrfach verwenden, wenn man darauf achtet, daß sie dunkel aufbewahrt werden, da sie unter Sonnenbestrahlung spröde und wertlos werden.

Der Haus- und Kleingärtner hat sich noch nicht so recht damit anfreunden können, seine Beete unter schwarzer Kunststoffolie verschwinden zu lassen. Es stehen jedoch nicht solch große Flächen im Garten zur

Verfügung, daß dieser mit ein wenig Folie seine freundliche, wohltuende Farbigkeit verlieren würde.

Am ehesten kommt vielleicht die Mulchfolie in Betracht. Vor allem im Frühjahr ist es möglich, daß die Bodenlebewesen im eigenen Garten kein Mulchmaterial, wie Rasenschnitt oder Laub vom Herbst, übriggelassen haben. Stroh oder Holzwolle stehen nicht immer zur Verfügung. Papier und Pappe sehen auf dem Gartenboden nicht besser aus als schwarze Folie.

Mulchen nennt man die Bedeckung des Bodens mit organischen Abfällen. Die Sonne kann solch einen bedeckten Gartenboden nicht austrocknen, der Regen keine Nährstoffe weg- oder in tiefere Schichten des Bodens schwemmen, die Krümelstruktur bleibt erhalten, und das Unkraut kann nicht wachsen. Gleichzeitig haben die Bodenorganismen die notwendige Nahrung, die sie in Humus verwandeln. Ein Kompostpräparat und etwas Steinmehl, Tonmehl und einen tierischen Dünger unter die Abfälle gemischt, beschleunigt die Umsetzung der Mulchdecke in wertvollen Humus. Diese Maßnahme nennt man Flächenkompostierung. Auch die AZ-Bakterien-Kultur wirkt günstig.

Vorteile des Mulchens

Erhaltung der
⚜ Bodenfeuchtigkeit
⚜ Krümelstruktur
⚜ Nährstoffe
⚜ Vermehrung der Nährstoffe
⚜ Verhindern von Unkraut

Gurken und Paprika auf Mulchfolie: Die schwarze Folie hält den Boden feucht, verringert das Unkraut und strahlt Wärme auf die Pflanzen zurück.

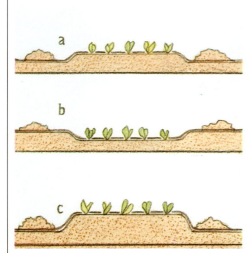

Beetformen für Mulchfolie:
a) normal humoser Boden
b) trockener Boden
c) nasser Boden

Die schwarze, meist 0,05 mm starke Mulchfolie wird über das vorbereitete Beet gerollt, glattgezogen und an den Rändern mit Erde beschwert. Dann werden mit einem scharfen Messer in den für die jeweiligen Pflanzen richtigen Abständen Kreuz- oder Triangelschnitte gemacht, die etwa handbreit sind. In die entstandenen Schnitte setzt man die Pflanzen.
Die Folie darf weder an den Rändern vom Wind erfaßt werden, noch darf sie bei Wind schlagen. Diese Gefahr besteht aber bei der bis auf die Pflanzlöcher geschlossenen Folie. Man muß sie deshalb nicht nur an den Rändern gut mit Erde beschweren, sondern auch zwischen den Pflanzreihen. Auch ausgelegte Bretter helfen.
Bei der Anlage eines mit Mulchfolie bedeckten Beetes kommt es auf den Bodentyp an. Bei normal humosem Boden wird ein Beet in der üblichen Höhe angelegt. Trockenen, meist sandigen Böden verschafft man Feuchtigkeit, wenn man das Beet etwas tiefer als das übrige Bodenniveau legt. Hier fängt sich das Regenwasser auf der Folie und fließt in die Pflanzschlitze ab. Nasser und zur Übersäuerung neigender Boden bekommt überhöhte Beete, von denen das Regenwasser hauptsächlich zum Rand abläuft.
Beete mit Hanglage sind für die Mulchfolie ungeeignet, weil das Wasser den Hang hinunterfließt. Hier kann man Loch- und Schlitzfolie verwenden.
Die Lochfolie eignet sich sowohl für die Aussaat als auch für die Pflanzung. Sie verfrüht die Aussaat um etwa 3, die Pflanzung um 2 Wochen. Die mit 250, 500 und 1000 Löchern/m^2 erhältliche Folie wird locker über die Saat oder die Pflanzung gelegt und schafft ein wärmeres Bodenklima. Sie wird ebenfalls an den Rändern ringsherum mit Erde beschwert, aber nicht wie die Mulchfolie gespannt. Ein Schlagen durch Wind wird durch die hohe Anzahl der Löcher vermieden.
Die Bodenfeuchtigkeit bleibt unter der Lochfolie weitgehend konstant, so daß nur bei anhaltender Trockenheit über die Folie hin berieselt werden muß. Abdecken ist nicht notwendig. Bei voranschreitendem Wachstum muß die Lochfolie an den Rändern gelockert werden, da sie sich nicht ausdehnt. Bei günstigem Wachstumswetter und für Pflegemaßnahmen nimmt man die Folie vorsichtig teilweise oder ganz ab.
An sonnigen Tagen kann es bereits im Spätfrühling zu Verbrennungen an den Pflanzen unter Lochfolie kommen. Auch hohe Lochzahlen schützen nicht davor.
Sowohl die Mühe des Nachlassens der Ränder bei fortschreitendem Wachstum als auch das Achtgeben bei Verbrennungsgefahr kann man sich bei Schlitzfolie ersparen. Diese Folie ist in einem bestimmten Schlitz-Stanz-Verfahren vorgefertigt. Sie wird locker über die Saat oder Pflanzung gelegt und nur leicht eingeschlagen. Am Boden anliegend und ungespannt ist die Folie nahezu dicht. Beim Heranwachsen der Pflanzen wächst die Folie mit, indem sich die Schlitze nach und nach öffnen. Die Luftzufuhr wird mit dem Wachstum der Pflanzen immer besser, was dem Geschmack der

Nur bei Bewölkung und windstillem Wetter nimmt man Folien von bisher bedeckten Pflanzungen, damit es keinen Klimaschock gibt.

Gemüsepflanzen zugute kommt, der unter Folie mit geringem Luftaustausch leidet. Schlechter Luftaustausch erhöht auch den Nitratgehalt der Pflanzen.

Im Sommer, wenn die Kultivierung dem Ende zugeht, nimmt man Loch- und Schlitzfolie ab. Für diese Arbeit wählt man einen trüben, windstillen Tag. Da die Pflanzen unter der Folie eine relativ hohe Luftfeuchtigkeit gewöhnt sind, finden sie an einem trüben, windstillen Tag eher die gleichen klimatischen Bedingungen vor als bei Sonnenschein oder Wind. So läßt sich der wachstumshemmende Schock für die Pflanzen vermeiden. Auch bei Pflegemaßnahmen ist die Wetterlage zu beachten.

Vor Frost schützen diese Folien nicht. Unter günstigen Bedingungen, bei denen Kondenswasser an der Innenseite auftritt, kann dieses an der Folie anfrieren und bei geringem Frost die Kulturen schützen. Schneelast darf auf einer empfindlichen Kultur wie Kopfsalat nicht aufliegen.

Loch- und Schlitzfolien bieten auch keine Gewähr dafür, daß unter ihnen neben den Kulturen nicht auch Unkraut wächst. Bei diesem günstigen Wachstumsklima gedeiht Unkraut genausogut wie Gemüse und nimmt den Kulturpflanzen die Nährstoffe weg. Deshalb müssen die Kulturen unter der Folie ab und zu überprüft und gegebenenfalls gejätet werden.

Vorteile der Mulchfolie
- gleichbleibende Bodenfeuchtigkeit
- Erhaltung der Krümelstruktur
- Erhaltung der Nährstoffe
- Humusbildung
- Verhinderung von Unkraut

Vorteile der Lochfolie
- Verfrühung der Aussaat um 3 Wochen
- Verfrühung der Pflanzung um 2 Wochen
- kein Schlagen der Folie durch Wind
- Erhaltung der Bodenfeuchtigkeit
- Ernteverfrühung etwa 14 Tage

Hochwachsende Pflanzen wie Tomaten kann man einzeln mit transparenten Folienhauben umhüllen. So reifen die Früchte im Herbst schneller aus.

Vorteile der Schlitzfolie

- Verfrühung der Aussaat um 3 Wochen
- Verfrühung der Pflanzung um 2 Wochen
- kein Schlagen der Folie durch Wind
- Erhaltung der Bodenfeuchtigkeit
- gute Durchlüftung
- Folie wächst mit
- Ernteverfrühung etwa 14 Tage

Transparente Lochfolie schützt Keimlinge im unbeheizten Gewächshaus vor Nachtfrösten.

Folientunnel

Diese Art von Minigewächshäusern ist zwar nicht begehbar, hat aber durch das größere Luftvolumen ein ausgewogeneres Kleinklima als Flachfolien. Trotzdem kann es bei hochsommerlichen Temperaturen und direkter Sonneneinstrahlung zu Verbrennungsschäden an Pflanzen kommen.

Da wohl kaum ein Gartenbesitzer täglich im Garten ist und darauf achten kann, wann er seine Folientunnel lüften muß, die meisten Hobbygärtner gerade dann ihrem Beruf nachgehen, wenn die Sonne am intensivsten scheint, ist es vorteilhaft, für Folientunnel Folie mit geringer Lochzahl zu verwenden.

Ein anderes Verfahren, die sich stauende Hitze im Folientunnel zu überlisten, ist, mehrere kurze Tunnel, die konisch konstruiert sind, ineinander zu stecken.

Es ist sehr einfach und bequem, den Folientunnel selbst herzustellen, obwohl man im Handel fertige Folientunnel bekommt.

Die für die Bearbeitung günstige Beetbreite von 1,20 m behält man auch für den Folientunnel bei. Um diese Beetbreite zu überspannen, braucht man 8 mm starke Federstahlstäbe von 2,50–3 m Länge, je nach gewünschter Höhe des Tunnels. Diese Stäbe erhält man im einschlägigen Fachhandel. Sie sind meist schon mit weißem Kunststoff beschichtet.

Im Folientunnel heranwachsende Paprikaschoten.
Im Hintergrund (rechts oben) vollständig zurückgeschlagene transparente Folie, die im Hochsommer am Tag nur bei kühler Witterung, bei Unwetter und für jede Nacht über die südlichen Gewächse gespannt wird. Ein warmer Regen tut den Tunnelpflanzen dagegen gut.

Federstahlstäbe aus dem Eisenwarenhandel müssen zum Abrunden der scharfen Kanten mit feinem Schmirgelpapier abgerieben werden, und dann erhalten sie einen zweifachen weißen Lackanstrich. Weiße Farbe hält die Stäbe auch bei Sonnenbestrahlung kühl. Dadurch wird die aufliegende Folie geschont.

Die Stäbe werden zu beiden Seiten des Beetes senkrecht oder schräg in die Erde gesteckt. Senkrecht gesteckte Stäbe haben sich besser bewährt, da die steilen Seitenwände des Tunnels dem heranwachsenden Gemüse mehr Spielraum lassen.

Luftaustausch im konisch gebauten Folientunnel.

Lochfolientunnel über jungem Kopfsalat.

Der Bogen ist allerdings sehr flach und eignet sich deshalb nur für niedrige Gemüsearten.

Die meisten Folien liegen 2 m breit, die Gitterfolie gibt es auch 3 m und 4 m breit.

Die Folie wird über die Federstahlstäbe gerollt, an den beiden Tunnelenden zusammengebunden und an fest in den Boden geschlagenen Pfosten oder Verankerungen festgebunden. Sie braucht an den Längsseiten weder eingegraben noch mit Erde oder mit Brettern beschwert zu werden, wenn

Als Folien eignen sich verschiedene Fabrikate aus dem umweltfreundlichen Polyäthylen in Stärken von 0,05 mm (für einmaligen Gebrauch) bis zu 0,2 mm. Ab 0,1 mm Stärke können Folien öfter verwendet werden.

Man sollte UV-stabilisierte Folien wählen, die nicht so schnell durch die Sonnenstrahlen geschädigt werden.

Es gibt die Folien auch als Gitterfolie und als 2-Schichten-Folie. Letztere besteht aus einer Gitterfolie und einer aufkaschierten Luftpolsterfolie. Diese 2-Schichten-Folie ist so stark, daß sie sich ohne Federstahlstäbe über dem Beet im Bogen ausspannen läßt.

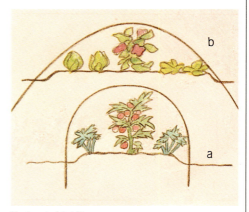

Federstahlstäbe:
a) senkrecht, b) schräg gesteckt.

man einen 2. Stab über die Folie in die Erde steckt, und zwar dort, wo die Stäbe stehen. So lassen sich die Tunnel auch am besten belüften. Man muß dazu nur an der dem Wind abgewandten Seite die Folie zwischen den Stäben hochschieben. Auf diese Weise kann man die Kulturen auch hin und wieder einem warmen Regen aussetzen.

Für die Verstärkung der Wärme gibt es Beta-Solar, schwarze Schläuche aus Polyäthylen, die mit Wasser gefüllt werden. Man legt diese Schläuche in den Folientunnel zwischen die Kulturen. Das Wasser wird während des Tages erwärmt, nachts geben die Beta-Solar-Schläuche die Wärme an Boden und Tunnelluft langsam ab, so daß die Wärme im Tunnel konstanter bleibt, was dem Wachstum der Pflanzen zugute kommt.

Doppelstäbe für den Folientunnel. Die Folie ist hier zurückgeschoben.

Folientunnel mit Doppelfolie von Schumm. Alle Teile sind einzeln aufklappbar. Am Boden werden sie mit Drahtheringen verschlossen.

Mistbeet, Frühbeet, Wanderkasten

Alle 3 Varianten bestehen aus einem Kasten ohne Boden, bei dem die Rückseite 20–25 cm höher ist als die Vorderseite und die Seitenteile schräg verlaufen. Die hohe Rückfront ist die nach Norden schützende Seite. Den Schutz kann man durch Büsche gegen kalte Winde noch verstärken. Auch ein Anhäufeln mit Erde leistet gute Dienste, solange man den Kasten nicht als Wanderkasten einmal über diese und dann über jene Kultur stülpen will.

Die schräg nach Süden abfallende Oberseite besteht aus Glas, Plexiglas oder Klarsichtfolie, wie man sie auch für Folientunnel verwendet. Sie hat drei Funktionen. Die schräge Stellung der Abdeckung läßt das Regenwasser ablaufen. Dadurch sammelt sich weder Tau noch Regen auf der Oberseite. Würde die Sonne auf stehendes Wasser oder Wassertropfen scheinen, bestünde die Gefahr, daß die Pflanzen darunter verbrennen. Die Wassertropfen wirken wie ein Brennglas. Als nächstes bietet die Schräge einen günstigeren Einfallswinkel für die Sonnenstrahlen, und drittens fängt die transparente Abdeckung die Sonnenwärme ein und hält diese länger als die Umgebung.

Es gibt im Handel Kästen aus Plexiglas, deren Seitenteile ebenfalls durchsichtig sind. Auch Kunststoffkästen aus einem Stück kann man erwerben. Sie sind besonders gut als Wanderkasten geeignet, weil sie leicht zu transportieren sind.

Der <u>Wanderkasten</u> ist als Abdeckung für frostempfindliche Kulturen sinnvoll. Ist die Frostgefahr vorüber, und sind die Pflanzen fast erntereif, kann man den Kasten schnell und ohne größere Mühe über eine frische Saat oder Pflanzung stülpen.

Um bei den Pflanzen, denen der Kasten weggenommen werden soll, einen Klimaschock zu vermeiden, öffnet man ihn schon ein paar Tage vorher, zuerst nur bei sonnigem, warmem, zuletzt auch bei kühlem und windigem Wetter.

Das <u>Mistbeet</u> wird bereits im Herbst vorbereitet. Dazu hebt man in der Größe des Beetes etwa 50 cm Oberboden aus, vermischt die Erde mit je 10% Korallalgenkalk, Stallatico oder einem anderen vorkompostierten Mist, Mineral- und Tonmehl. Man kann auch einen Mischdünger verwenden. Das Gemisch setzt man zu einem Haufen auf, streut noch etwas Kompoststarter dazwischen und deckt mit einer schwarzen Lochfolie oder mit Herbstblättern ab. Bis zum Frühjahr haben die Bodenorganismen alles in besten Humus verwandelt.

Das entstandene Loch selbst füllt man mit Laub, Grasschnitt oder Stroh, nachdem man die Erde so tief wie möglich gelockert hat.

Im zeitigen Frühjahr, etwa im Februar, wird an einem frostfreien Tag die Bodenabdeckung aus dem Loch entfernt. Statt dessen wird lagenweise Pferdemist eingefüllt und festgetreten, bis eine Schicht von 20–30 cm Höhe erreicht ist. Darüber füllt man den Aushub vom Herbst. Dann stülpt man den Kasten darüber. Der Pferdemist erwärmt sich bei der Verrottung stark und erwärmt dadurch auch die daraufliegende Anzuchterde und die Luft im Kasten.

Nun kann mit der Anzucht von Kopfsalat, Gartenkresse, Winterpostelein, Radieschen, Kräutern, Gurken, Zucchini, Melonen oder anderen Pflanzen begonnen werden. Wurden bereits Pflanzen in Anzuchtschalen auf dem Fensterbrett vorgezogen, kann man gleich pflanzen und auch bald ernten. Wer keinen Pferdemist zur Verfügung hat, kann sich mit Stroh helfen. Dieses wird

Frühbeete, zum Teil ohne Abdeckung.

schon im Herbst in das ausgehobene Loch gefüllt. Im Februar übergießt man es mit einer Pflanzenjauche, tritt es fest und füllt darüber die Erde.

Der Frühbeetkasten wird nicht unbedingt mit Mist oder Stroh ausgelegt. Bei ihm wird nur die einfallende Sonnenwärme für die Pflanzen genutzt. Die Wirkung kann verstärkt werden, wenn man zwischen den Saat- oder Pflanzreihen Beta-Solar-Schläuche auslegt. So läßt sich die am Tag gespeicherte Sonnenenergie für die allmähliche Abgabe bei Nacht zurückhalten. Es gibt auch Frühbeete mit einem elektrischen Heizsystem, das im Boden verlegt wird. Dabei ist aber zu überlegen, ob solch eine Anschaffung kostengünstig ist.

Am Tag wird der Kasten je nach Außentemperatur mehr oder weniger geöffnet. Man muß die Temperaturverhältnisse ständig beobachten, wenn man verhindern will, daß die Pflanzen unter zu großer Sonneneinstrahlung leiden oder durch den Lichteinfall unter Glas verbrennen. Es gibt uv-stabilisiertes Abdeckmaterial.

Will man sicher sein, daß die Pflanzen gleichmäßig mit Wärme versorgt werden und es den Pflanzen nie zu heiß wird, kann man einen automatischen Fensteröffner kaufen, der mit Sonnenenergie arbeitet und das Fenster bei einer bestimmten, einstellbaren Temperatur selbsttätig öffnet oder schließt.

Vorteile von Mistbeeten
- Verfrühung der Ernte
- Verlängerung der Vegetationszeit
- sparsame Energienutzung durch Mistwärme
- Energiegewinnung durch Sonneneinstrahlung

Vorteile von Frühbeeten
- Verfrühung der Ernte
- Verlängerung der Vegetationszeit
- Energiegewinnung durch Sonneneinstrahlung
- Wärmespeicherung durch Beta-Solar

Bau eines Frühbeetkastens

Werden bei der Renovierung eines alten Hauses Fenster ausgewechselt, sollte man versuchen, diese zu bekommen. Wenn auch noch der Originalrahmen erhalten ist, braucht man ihn nur an einer Schmalseite zu erhöhen und seitlich 2 schräge Bretter anzufügen, dann ist der Kasten fertig. Damit das Schwitzwasser abfließen kann, bohrt man noch einige Löcher in den unteren Teil des Rahmens.

Zu beiden Seiten rammt man in der Entfernung des Fensterflügels auf jeder Seite einen Pfosten in den Boden, damit die Fenster, wenn sie ganz geöffnet werden, eine geeignete Auflage haben.

Aber auch wenn keine alten Fenster zur Verfügung stehen, ist ein Frühbeetkasten leicht zu bauen.

Man rammt 4 Holzpfähle in der gewünschten Kastengröße in den Boden. Vorher sollte das Holz mit einem biologischen Holzschutzmittel gestrichen werden.

Die Pfosten müssen oben eine bestimmte Schräge – nach der Südseite abfallend – bekommen, damit das Fenster schräg aufgelegt werden kann. Die beiden südlichen Pfosten sind tiefer einzuschlagen.

Dann nagelt oder schraubt man von außen Bretter an die Holzpfosten. Die Nordseite wird um ein Brett erhöht, zu beiden Seiten je ein schräges Brett aufgesetzt.

Die Abschrägung der Pfosten kann entfallen, wenn die Bretter über die Pfosten hinausragen.

Oben legt man ein gerahmtes Glas oder eine Plexiglasscheibe auf. Man kann den Kasten auch mit einer Folie überspannen. Vorteilhaft ist bei Folie die Bespannung eines Holzrahmens, um einen automatischen Fensteröffner anbringen zu können.

Bau eines Frühbeetkastens mit alten Fenstern.

Bau eines Frühbeetes ohne alte Fenster.

Kombinationen

Selbstverständlich kann jeder seine Phantasie spielen lassen und beispielsweise unter einen Folientunnel Pferdemist oder Stroh wie für einen Mistbeetkasten packen. Damit bekommen die heranwachsenden Pflanzen zusätzliche Wärme vom Boden her. Gleichzeitig wird die Luft im Tunnel erwärmt.

Man kann sich auch ein Hochbeet machen, auf das der Folientunnel gestellt wird. Im Hochbeet finden die gleichen Vorgänge statt wie im Mistbeet: Der Abbau von organischen Stoffen durch Bodenorganismen führt zur Erwärmung der darüber geschichteten Anzucht- oder Pflanzerde.

Sehr günstig wirkt sich Beta Solar im Folientunnel auf dem Hochbeet aus. Die schwarzen Schläuche beanspruchen wenig Platz und sorgen nachts für kostenlose Wärme im Bodenbereich.

Im Unterschied zum Hügelbeet, das sich wegen seiner Wölbung für die Aufstellung eines Folientunnels weniger eignet, weil der Tunnel dadurch in der Mitte weniger Raum für die Pflanzen hat, ist das Hochbeet oben flach.

Um die ebene Fläche zu erreichen, braucht das Hochbeet steile Seitenwände. Man kann sie aus Holzpfählen, aufgeschichteten und gemauerten Steinen oder Rasensoden errichten. Sie sollten unterbrochen sein, damit man sie auch noch bepflanzen kann. Hier gedeihen Erdbeeren, rankende Pflanzen wie Kapuzinerkresse oder auch Kräuter wie Thymian sehr gut.

Der Aufbau eines Hochbeets ist einfach. Man legt die Breite des Folientunnels oder eines leicht zu bearbeitenden Beetes zugrunde, das 1,20 m breit sein sollte. Die Länge richtet sich nach der des Tunnels und nach der verfügbaren Materialmenge für den Aufbau.

Mistbeet, Frühbeet, Wanderkasten

Warme Unterlage aus Stroh für einen Folientunnel.

Anzucht von Kräutern im Folientunnel auf Stroh.

In Schichten von etwa 20 cm werden als unterste Schicht tierischer Mist sowie Garten- und Küchenabfälle eingefüllt, darüber Rasensoden oder Mutterboden vermischt mit Herbstblättern oder Gartenabfällen, noch eine Schicht Garten- und Küchenabfälle mit Erde vermischt, darüber folgt Mutterboden und die letzten 15 cm sollten aus ausgereiftem Kompost bestehen.

Kann man das Hochbeet im Herbst vorbereiten, mischt man dem Kompost Mineral- und Tonmehl, kompostierten Mist und Korallalgenkalk unter und bedeckt das Ganze mit Herbstlaub. Allen Schichten sollte zur Anregung der Rotte ein Kompoststarter, der in Trockenform Bodenbakterien enthält, beigemischt werden. Auch an den Seitenwänden muß Mutterboden und Reifkompost eingefüllt werden, damit die Pflanzen dort gut gedeihen. Im Frühjahr hat man eine warme und nährstoffreiche Unterlage für frostempfindliche Pflanzen unter dem Folientunnel.

Eine Besonderheit unter den Frühbeetkästen ist das Solarbeet, das eine Reihe von Vorzügen besitzt.

Dieses Beet mit einem vollverzinkten und einbrennlackierten Rahmen aus Stahl hat wie ein Früh- oder Mistbeet eine höhere Rückwand (35 cm) und eine niedrigere Frontwand (20 cm); die Seitenteile verlaufen schräg.

Die Rahmen verfügen oben und unten über einen zweifach um 90 Grad gebogenen Rand, so daß Schnecken keine Chance haben. Das erspart die sehr zeitraubende Arbeit des Einsammelns und Bekämpfens der Schnecken.

Das verzinkte Stahlgitter, das unten im Rahmen verankert ist, schützt vor Wühlmäusen, was besonders in solchen Gärten wichtig ist, die in der Nähe von Wiesen und Äckern liegen. Der schräge Verlauf der Beetoberfläche sorgt für optimale Sonneneinstrahlung.

Das Solarbeet kann wie ein Hochbeet oder ein Mistbeet aufgebaut werden und erhält dadurch zusätzliche Wärme vom Boden her; denn es gibt auch eine Solarhaube, die sowohl das Solarbeet abdecken kann als auch als Wanderkasten gute Dienste leistet. Die Flächen der Solarhaube verlaufen sonnengerecht schräg. Die transparenten Doppelstegplatten des Baldachins wirken lichtbrechend und wärmespeichernd, die glasklaren Stirnseiten wie schräge Sichtfenster.

Der sturmsichere Verschluß ist bis 24 cm stufenlos höhenverstellbar. Mit einem Federstab kann die Haube auf 80 cm Höhe sicher arretiert werden. In senkrechter Stellung läßt sich die Haube ohne einen weiteren Handgriff abnehmen.

Solarbeete gibt es in 2 Größen: Das kleine Beet hat die Maße 150 × 60 cm, das größere 100 × 200 cm. Für das kleine Beet gibt es eine passende Haube, für das große zwei, die unabhängig voneinander bedient werden.

Das Solarbeet ist eine sinnvolle, Zeit und Mühe sparende Konstruktion. Auch hier läßt sich die Sonnenenergie mit Beta Solar noch intensiver nutzen.

Krieger-Floratherm-Frühbeet für Balkon und Terrasse.

Das Solarbeet mit Schneckenzaun, verankertem Gitter als Wühlmausschutz und sonnengerechter schräger Bodenlage (Normstahl).

Gewächshäuser

Ein Gewächshaus bietet nicht nur dem Erwerbsgärtner viele Vorteile. Wer auch im Winter eigenes Gemüse ernten, südliche oder frostempfindliche Gewächse überwintern und im Frühjahr eigene Jungpflanzen zur Verfügung haben will, kann ein Gewächshaus gut gebrauchen.

Der Liebhaber von Orchideen und Kakteen findet in einem Gewächshaus einen Raum für sein Hobby, in dem er ungestört seinem Vergnügen nachgehen kann.

Der Kauf eines Gewächshauses sollte sorgfältig überlegt werden, damit das Gewächshaus auch den Erwartungen entspricht und die Freude dauerhaft ist. Die Größe richtet sich nach dem verfügbaren Platz und der vorgesehenen Nutzung. In einem Gewächshaus von 4 m^2 können schon eine Menge Topfpflanzen überwintern. Brauchen die Pflanzen allerdings unterschiedliche Temperaturen, so muß das Gewächshaus in einen wärmeren und einen kühleren Teil unterteilt werden. Das bedeutet schon die doppelte oder zumindest 1½fache Größe mit einer Trennwand.

Hat man in der Wohnung keine geeigneten Fenster für Saatschalen, so braucht man zusätzlichen Platz im Gewächshaus. Werden die Pflanzen dann pikiert, wird weitere Stellfläche benötigt.

Novaflor-Gewächshaus von Bartscher mit Dach-, Wandfenstern und 120 cm breiter Drehflügeltür mit Sicherheitsschloß.
Die Wände sind mit Isolierblankglas, das Dach mit genörpeltem Isolierglas ausgestattet.

Gewächshäuser

Gemüsekulturen erfordern ebenfalls Platz. Hier kommt es darauf an, wie weit man sich auch im Winterhalbjahr selbst versorgen will.

Das Gewächshaus kann Teilbereiche wie eine Orchideenzucht bergen, aber auch einen ganzen Garten mit Kübeln voller Blütenpflanzen, überwinternden Topfpflanzen, Weinstöcken, Kiwis und Bananenstauden, dazu Gemüse- und Blumenbeeten. Sogar ein Gartenteich findet in einem größeren Gewächshaus Platz, und eine Sitzgruppe kann sehr gemütlich oder auch attraktiv sein.

Nun hat sich das Gewächshaus in unserer Phantasie zu einem stattlichen Saal ausgeweitet. Alle Möglichkeiten der Pflanzenkultur sind erörtert. Jetzt heißt es wählen. Was will man wirklich davon realisieren? Hat man auch die nötige Zeit, die Pflanzen in einem größeren Gewächshaus zu betreuen? Was erlauben die eigenen finanziellen Mittel?

Um ein Gewächshaus selbst zu bauen, muß man schon einiges handwerkliches Geschick haben und eine gut ausgestattete Hobbywerkstatt. Wenn auch das Material für eine Eigenkonstruktion billiger ist als ein fertiges Gewächshaus, so ist doch die Frage, ob man auf die langjährigen Erfahrungen der Hersteller von Gewächshäusern für den Haus- und Kleingärtner verzichten sollte.

Zu tun gibt es ohnehin noch genug bei der Aufstellung des Gewächshauses. Das kann man in vielen Fällen selbst übernehmen. Einen Helfer sollte man zum Halten von Teilen allerdings zur Verfügung haben. Es gibt sinnvolle Konstruktionen, für Glashäuser meist aus Aluminium, für Folienhäuser aus Holz mit Steckverbindungen oder aus mit Kunststoff überzogenen Stahlrohren, die als Bausätze geliefert werden.

Beim Glashaus ist die Abdeckung aus Glas oder Kunststoff in den meisten Fällen nicht im Preis enthalten. Beim Folienhaus wird das Material einzeln berechnet, weil es viele Kombinationsmöglichkeiten gibt.

Das Gerüst kann aus einem oder mehreren Bausätzen bestehen. Dazu kommt die Außenfolie, die Isolierfolie, wenn das Haus im Winter beheizt werden soll. Wählt man eine Tür oder auf jeder Schmalseite eine? Wie viele Fenster sind sinnvoll?

Die Innenausstattung, Tische, Hängeregale und das technische Zubehör, müssen dazugekauft werden. Da gibt es Thermometer, Hygrometer, Öfen, Heizstäbe, Lampen, auch solche, die das Wachstum fördern, Ventilatoren, Luftbefeuchter, automatische Tür- und Fensteröffner.

Neben den üblichen Satteldachkonstruktionen und den rund oder als Spitzbogen verlaufenden Folienhäusern werden von einigen Herstellern auch mehreckige Rundhäuser angeboten. Sie sehen sehr gefällig

Gewächshausformen.

Gewächshäuser 41

aus und ähneln kleinen Pavillons. Es gibt Modelle, die man aneinanderbauen kann, um verschiedene Klimazonen einzurichten. Selbst als Vogelvolieren kann man sie gut verwenden.

Selten sieht man heute Erdhäuser. Sie haben einen gemauerten Sockel oder einen solchen aus Beton. Der Boden wird auf der gesamten Fläche 85 cm tief ausgehoben. Auf dem Sockel ruht ein Satteldach mit einer Glas- oder Kunststoffabdeckung. Die Kulturebene liegt in gleicher Höhe wie der Gartenboden oder sogar etwas tiefer.

Unter den Tischen lassen sich nur Gewächse ziehen, die wenig Licht brauchen. Gemüse kommt dafür kaum in Betracht. Für einige Orchideenarten ist hier der ideale Platz, da ein Erdhaus auch im Sommer verhältnismäßig kühl bleibt.

Auf der Kulturfläche lassen sich Jungpflanzen gut heranziehen. Im Winter spart man Heizenergie, im Sommer ist das niedrige Dach leichter zu schattieren als ein hoch gelegenes Satteldach.

Ein zweiter Erdhaustyp scheint ganz verschwunden zu sein. Man kann ihn verhältnismäßig leicht selbst herstellen. Zu diesem Zweck hebt man einen etwa 85 cm tiefen Graben aus, den man an den Seiten mit Holz verschalt, damit die Erde nicht abrutscht. Über den Graben stülpt man ein 1,80 m breites Satteldach, so daß man links und rechts des Grabens in Arbeitstischhöhe Beete anlegen kann. Sie lassen sich sehr bequem bearbeiten. Gemüse und Kräuter gedeihen sehr gut. Die Vorteile des erstgenannten Erdhauses treffen auch für diese Bauweise zu.

Eine weitere und beliebte Variante des Gewächshauses ist das Anlehngewächshaus. Auch dieses gibt es als Glas- oder Folienhaus. Es hat nur eine Dachschräge, bei Folienhäusern ein halbes Runddach. Als Rückwand wird eine Mauer, eine Garagen- oder Hauswand oder ein Palisadenzaun genutzt. Eignet sich eine Terrassenrückwand, so kann das Anlehnhaus als Erweiterung des Wohnzimmers wie ein Wintergarten verwendet werden.

Während die Auswahl an Abdeckmaterial bei Foliengewächshäusern auf Gitterfolien oder undurchsichtige Folien (beide uv-stabilisiert) und Isolierfolien (meist Luftpolsterfolien) beschränkt ist, gibt es bei Glashäusern Blankglas als Abdeckung, verschiedene Varianten von Klarglas, das nicht durchsichtig ist, und Stegdoppelplatten aus Plexiglas. Auch Doppelverglasung ist möglich.

Die Streben der Aluminiumkonstruktion sind so gearbeitet, daß die Glas- oder Plexiglaselemente millimetergenau in die Nuten passen. Dauerelastische Kunststoffstreifen oder Gummiprofile sorgen für eine gut isolierende Verbindung zwischen Aluminiumkonstruktion und Abdeckung.

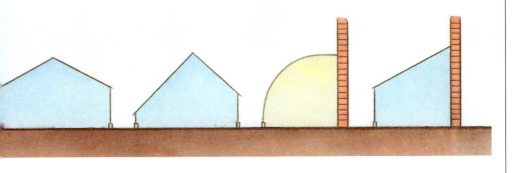

Auf keinen Fall sollte an der Abdeckung und Isolierung gespart werden, da ein Gewächshaus oder gar ein Wintergarten weder für die darin lebenden Pflanzen noch die Menschen viel wert ist, wenn der Wind durchpfeift. Außerdem kostet das Energie. Ein Kalthaus wird durch schlechte Isolierung kälter als nötig, ein beheiztes Gewächshaus verbraucht zuviel Energie.

Ob man durchsichtiges Glas wählt, bei dem man von innen den Blick nach außen richten und durch das man von außen in das Gewächshaus hineinsehen kann, oder undurchsichtige Abdeckelemente, die einen vor unerwünschten Blicken schützen, ist einerseits Geschmacksache, andererseits hat es auch praktische Gesichtspunkte. Liegt eine Seite des Gewächshauses beispielsweise an einer Straße, so sollten für diese Seite undurchsichtige Glas- oder Plexiglaselemente gewählt werden.

Für das Dach sind Stegdoppelplatten die Lösung. Diese Plexiglasscheiben brechen das Licht gleichmäßig und widerstehen Hagel besonders gut. Die ideale Luftfeuchtigkeit wird durch an diesen Scheiben entstehendes Schwitzwasser sichergestellt.

Aussicht in die Tropen

Es gibt noch eine interessante Gewächshauslösung, das Gewächshaus als Blumenfenster.

Das, was normalerweise als Blumenfenster angeboten wird, besteht aus einem großen, vor allem breiteren Fenster mit einer Marmor- oder Kunststeinplatte über einem Heizkörper.

Einen ungeeigneteren Platz gibt es kaum für Pflanzen. Die trockene, warme Heizungsluft steigt zu den Pflanzen auf. Im Winter stehen die Pflanzen zu nah an der kalten Fensterscheibe. Auch die Lichtverhältnisse sind nicht immer die günstigsten.

Ein klimatisiertes Zimmergewächshaus bedarf derselben Klimageräte wie ein Tropenfenster; hier ein Krieger-Aluminium-Zimmergewächshaus.

Aussicht in die Tropen 43

Frauenschuhblüten im Tropenfenster, einem Krieger-Aluminium-Gewächshaus.

Hier hilft schon eine Pflanzwanne, die mit feuchtem Torfmull oder einem Feuchtigkeitsvlies gefüllt ist. Darauf kommen die Blumentöpfe. Ein Bodenheizkabel auf dem Boden der Wanne sorgt für gleichmäßige Bodenwärme und erhöht die Wasserverdunstung.

Will man Orchideen aufstellen, füllt man eine etwa 3 cm hohe Zinkwanne mit feuchtem Bimskies. So haben die Orchideen den ihnen angemessenen luftigen und doch feuchten Standort. Ein Heizkabel sollte ebenfalls in die Wanne gelegt werden.

Eine weitere Verbesserung schafft ein Luftbefeuchter mit Hygrostat, der auch für die Menschen die trockene Zimmerluft verträglicher macht. Ein Heizrohr mit automatischem Temperaturregler zwischen Außenscheibe und Pflanzen schützt die Pflanzen im Winter vor eindringender Kälte. Man kann die Pflanzen auch noch automatisch mit Wasser versorgen lassen, eine praktische Einrichtung für Leute, die wenig Zeit haben, sowie für den Urlaub. Eine Leuchtstoffröhre, zum Wohnraum mit einer Blende verdeckt, schafft an trüben Tagen und im Winter ein wachstumsförderndes gleichmäßiges Licht.

Noch geeigneter ist ein nach innen durch eine Glasschiebetür abgeschlossenes tieferes Blumen- oder Tropenfenster. Es ist bereits ein kleines Gewächshaus, in dem man die den Pflanzen entsprechende Temperatur mühelos erreichen kann.

Man kann aber auch ein ganzes Gewächshaus an ein großes Fenster anschließen. Das hat den weiteren Vorteil, daß Fenster mit häßlichem Ausblick auf Hinterhöfe, Mauern oder Werkstätten zu einem erfreulichen Anblick werden. Für das Gewächshaus wählt man undurchsichtige Scheiben, die zusammen mit den grünen und blühenden Pflanzen einen angenehmen Eindruck vermitteln, eine schöne Ergänzung nicht nur für das private Wohnzimmer, sondern auch für repräsentative Räume.

Dieser Überblick möge für die richtige Wahl eines geeigneten Gewächshauses ausreichen, ehe nun auf nähere Einzelheiten eingegangen werden soll.

Foliengewächshäuser

Seit einigen Jahren gibt es dank der Verbesserung der Folienqualität preisgünstige Foliengewächshäuser. Die Rahmenkonstruktion besteht entweder aus Stahlrohr oder aus Kanthölzern, die durch Steckverbinder aus Kunststoff mit variablen Konstruktionswinkeln zusammengefügt werden. Die Kanthölzer werden von den Firmen nicht mitgeliefert. Man erhält sie jedoch bei jedem Holzhändler.

Die darübergespannte Folie ist uv-stabilisiert und in verschiedenen Breiten den Konstruktionen angepaßt. Praktisch zu handhaben sind 2 m lange Konstruktionen, die man nach Belieben aneinanderreihen kann. Während die Gitterfolie durch das eingearbeitete Gitter reißfest ist, zeigt die klare Folie eine hohe Elastizität. Beide Qualitäten halten Hagel stand. Schnee gleitet ab und belastet die Foliendächer nicht.

Die Folienhäuser brauchen kein gemauertes Fundament. Ein Rahmen aus feuerverzinktem Stahlrohr oder Kanthölzern gibt zusammen mit der Verankerung im Boden genügend Standfestigkeit. Auch ein Orkan von Windstärke 10–11 kann dem Foliengewächshaus nichts anhaben.

Die Lichtdurchlässigkeit der Folien beträgt 85–90%. Ein Vorteil gegenüber Glas: Die Foliengewächshäuser brauchen nicht schattiert zu werden, weil das Licht gebrochen wird. Die pflanzenfreundlichen Folien aus Polyäthylen sind meist 0,2 mm stark. Selbst Blätter, die direkt an der Folie anliegen, verbrennen nicht.

Bei Stahlrohrkonstruktionen werden im Bausatz selbstklebende Schaumstoffstreifen mitgeliefert, die die Stahlrohre abpolstern, damit die Folie nicht an den Stahlrohren scheuert, sondern geschont wird. Türen und Fensterrahmen sind im Bausatz enthalten.

Aufbauanleitungen erlauben es auch dem – in diesem Bereich – ungeübten Laien, sein Folienhaus in wenigen Stunden aufbauen zu können. Lediglich am Anfang braucht man einen Helfer, der die Einzelteile festhält.

Foliengewächshaus im Winter mit Isolierfolie ausgekleidet.

Beckmann-Foliengewächshaus im Sommer.

Foliengewächshäuser

Isolierung

Für den Winter kleidet man das Foliengewächshaus mit Luftpolsterfolie aus. 6 cm breite, selbstklebende Klarsichtstreifen dichten die kritischen Stellen in den Ecken und an Türen sowie Fenstern ideal ab.

Heizung

Die Isolierung hat dann Sinn, wenn man das Foliengewächshaus auch im Winter für die Kultur von frostempfindlichen Pflanzen nutzen will. Aber auch nicht die dickste Mauer hält Frost auf die Dauer ab, wenn innen nicht geheizt wird.

Beta-Solar-Wärmespeicher

Da bietet sich für die Übergangszeiten im Herbst und Frühjahr Beta Solar an. Die schwarzen, mit Wasser gefüllten Schläuche speichern die von der Sonne am Tag kostenlos gespendete Wärme und geben sie nachts allmählich an Boden und Luft in Pflanzennähe ab.

Selbst bei bedecktem Himmel werden Beta-Solar-Wärmespeicher im Gewächshaus wie das Innere des Gewächshauses selbst am Tag erwärmt, so daß sie nachts Wärme abgeben können.

Beta-Solar-Wärmespeicher bestehen aus schwarzen Polyäthylenschläuchen von 7 cm Durchmesser. Sie werden mit Wasser gefüllt und an den Enden durch Faltung und mit Kunststoffringen verschlossen. Man kann sie in Rollen kaufen und selbst für die gewünschte Beetlänge zuschneiden. Für die Faltung an den Enden werden 2 × 15 cm zugegeben.

Die Schläuche werden im Abstand von etwa 20 cm auf den Beeten verlegt. Die geringe Auflagefläche nimmt den Pflanzen keinen Platz weg, da sie diesen Pflanzabstand ohnehin benötigen. Beta Solar liefert bei Erwärmung auf 40° C mehr als 1 Kilowattstunde Wärmeenergie.

Ein zusätzlicher Vorteil: Die Wärmespeicher Beta-Solar verhindern oder vermindern die oft sehr starke Taubildung unter den Blättern der Pflanzen im Gewächshaus. Das vereitelt weitgehend Pilzerkrankungen.

Beta-Solar-Wärmespeicher zwischen jungen Gemüsekulturen.

Minigewächshaus mit Heizlüfter und automatischem Fensteröffner.

Beta Solar kann während des ganzen Jahres auf den Beeten liegen bleiben. Denn auch in kühlen Sommernächten sind die Pflanzen für nicht zu große Temperaturstürze dankbar. Sie danken es mit üppigerem Wachstum und lassen frühere Ernten zu. Wichtig ist aber immer eine gute Isolierung des Gewächshauses.

Auch in einem im Winter beheizten Gewächshaus hilft Beta Solar Energie sparen, wenn die Heizung durch einen Temperaturregler (Thermostat) automatisch an- und abgeschaltet wird.

Heizungen

Hier bieten sich elektrische Heizlüfter an; mit ihren eingebauten Ventilatoren wälzen sie auch gleich die Luft im Gewächshaus um. Sie sind einstellbar auf Dauertemperaturen zwischen 5°C und 30°C. Will man beispielsweise durchgehend eine Temperatur von 8°C im Gewächshaus haben, so stellt man den Thermostat auf diese Temperatur ein. Sobald die Temperatur im Gewächshaus unter 8°C absinkt, schaltet sich das Heizgerät automatisch ein und selbsttätig ab, wenn die Temperatur von 8°C wieder erreicht ist. Diese elektrischen Heizgeräte sind als Frostschutz kostengünstig einsetzbar.

Will man auch im Winter höhere Temperaturen im Gewächshaus haben, so ist der Anschluß an die Warmwasserheizung des Wohnhauses am preiswertesten. Dafür eignen sich am besten Anlehngewächshäuser. In einem Gespräch mit einem Heizungsfachmann lassen sich Fragen wie die Länge der Rohre oder die Größe der Heizkörper klären.

Ein Brikett-Dauerbrandofen, der mit einer Füllung von 16 Briketts maximal 6 Tage brennt, bietet eine kostengünstige Lösung. Ohne größeren technischen Aufwand sorgt auch ein transportabler, automatischer Allgasofen für die nötige Wärme. Ölöfen sind ebenfalls günstig im Energieverbrauch, müssen aber gewartet und öfter gesäubert werden.

Gas-, Brikett- und Ölöfen brauchen ein Abzugsrohr, das entweder am First oder an

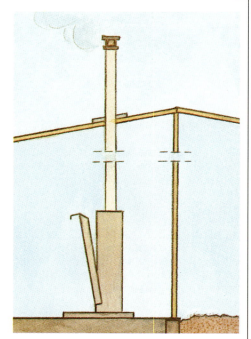

Schematische Zeichnung eines Brikettdauerbrandofens mit Abzugrohr und Dachdurchführung.

einem Zwischenrohr beziehungsweise an einem Kantholz mit einer Dachdurchführung durch die Folie ins Freie geleitet wird. Sehr leistungsstarke Petroleumöfen heizen beispielsweise mit 6 l Petroleum ein 10 m² großes Gewächshaus 2 Tage bei maximaler Belastung.

Lüftung

Im Sommer kann sich die Luft im Gewächshaus auf 45°C und mehr erwärmen. Das trifft auch für das Foliengewächshaus zu. Bei solchen Temperaturen vertrocknen die Pflanzen unweigerlich, zumal bei Hitze auch die Luftfeuchtigkeit gering ist.

Bekanntlich ist in einem geschlossenen Raum die Luft oben wärmer als unten. Das bedeutet, daß die warme Luft als Abluft das Gewächshaus im Dachbereich verlassen können muß, da die warme Luft nach

oben drängt. Die kühle Luft muß unten in das Gewächshaus geleitet werden.
Bei kleinen Gewächshäusern kann die Belüftung durch die Tür erfolgen, die meist stufenweise festzustellen ist. Ein Dach- oder Giebelfenster sorgt für das Entweichen der warmen Abluft. Die automatischen Fensteröffner sind wichtig, wenn der Gewächshausbetreuer wenig Zeit hat oder in der wärmsten Tageszeit gar nicht da ist. Die Kontrolle der Raumtemperatur braucht nur einmal am Tag zu geschehen, wenn man ein Maxima-Minima-Thermometer in das Gewächshaus hängt. Es zeigt außer der augenblicklichen Temperatur gleichzeitig die letzte Höchst- und die letzte niedrigste Nachttemperatur an. Nach dieser Information kann man morgens die Tür geschlossen halten oder entsprechend weit öffnen. Dann braucht man sich um die Lüftung während des ganzen Tages keine Sorgen mehr zu machen.

Das Besprühen der Pflanzen mit Wasser, dem man vorher Alginure Verdunstungsschutz-Spray zugesetzt hat, vermindert ebenfalls die Verbrennungsgefahr.

Spannbügelverschluß an einem Terlinden-Foliengewächshaus.

Das Maxima-Minima-Thermometer zeigt gleichzeitig die niedrigste Nacht- und die höchste Tagestemperatur an.

In größeren Foliengewächshäusern sind mehrere Dachfenster und an jeder Giebelseite eine Tür vorteilhaft.
Es gibt auch Foliengewächshäuser, deren Giebelseiten preisgünstig einfach mit einem Spannbügel verschlossen werden. Gewissermaßen ist der Giebel gleichzeitig Türrahmen. Die Folie liegt in der Mitte übereinander und wird durch seitliches Wegklappen geöffnet. In diese Gewächshäuser kann man sogar mit kleinen Maschinen fahren.
Wenn Pflanzen im Gewächshaus nicht verbrennen sollen, darf die Raumtemperatur 35°C nicht überschreiten.
Auch der Einsatz eines Ventilators oder Absaugventilators vermindert die Luftüberhitzung.

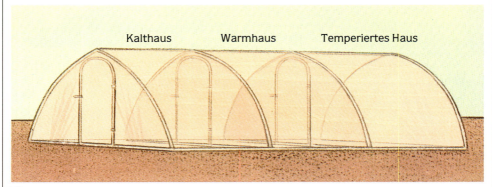

Klimazonen.

Klimazonen

Will man verschiedene Klimazonen in seinem Foliengewächshaus haben, so baut man zumindest eine Zwischenwand mit einem Spannbügelverschluß oder einer Tür ein. Dadurch hat man für Pflanzen, die nicht frostempfindlich sind, ein Kalthaus, für frostempfindliche Gewächse ein temperiertes oder ein Warmhaus.

Für die meisten Pflanzen genügt als Winterquartier ein temperiertes Haus von 8–14°C, in der Wohnung meist nicht verfügbar. Wenige Wärmegrade Unterschied kann man dadurch ausgleichen, daß man die Pflanzen an unterschiedlichen Standorten beherbergt. Oben auf den Tischen und Regalen ist es wärmer, je höher desto wärmer; unten am Boden bleibt es kühler. Auch die Nähe zur Heizung beeinflußt die Temperatur. Vorsicht bei Heizlüftern: Der Wind des Ventilators darf die Pflanzen nicht aus unmittelbarer Nähe treffen. Wind, zumal warmer Wind, nimmt den Blättern zuviel Feuchtigkeit; die Folge ist Welke. Der Standort des Heizlüfters oder auch eines

Gemüseanbau im Foliengewächshaus von Beckmann.

Ventilators zum Ent- und Belüften ist deshalb sorgfältig zu wählen.

Die Anzucht von Pflanzen geschieht am besten in einem Warmhaus. Selbst dort braucht man für die Anzucht von südlichen Pflanzen noch eine Heizplatte, die unter die gedeckte Saatschale gelegt wird, damit man eine Bodenwärme von ungefähr 28–30° C erzeugen kann. Wenn man 3 Klimazonen einrichten kann, legt man die wärmste Zone in die Mitte. So hat man zu beiden Seiten eine perfekte Isolierung oder sogar 2 Solarwärmespeicher, die das in der Mitte liegende Warmhaus ideal vor Kälte schützen und noch dazu Wärme liefern.

Foliengewächshausdaten auf einen Blick

Rahmenkonstruktion:	Stahlrohr oder Kantholz
Form:	Satteldach oder Tunnel
Folien:	uv-stabilisiert Klarsicht- oder Gitterfolie aus Polyäthylen
Lichtdurchlässigkeit:	85–90%
Schattierung:	nicht nötig
Folienhaltbarkeit:	3–4 Jahre Garantie, hält aber erfahrungsgemäß länger
Verbrennungsgefahr von Blättern direkt an der Folie:	keine
Winterisolierung:	Luftpolsterfolie (Lichtdurchlässigkeit 90%)
Wärmedurchgangszahl bei Folie mit Luftpolsterfolie:	$k = 2{,}44$

Frostempfindliche Pflanzen im Foliengewächshaus.

Platznutzung im Foliengewächshaus.

Kunststoffgewächshäuser

Eine Variante der Foliengewächshäuser sind Gewächshäuser aus festem Kunststoff. Sie haben Tunnelform von 2 m Höhe in der Mitte und 2,5–4 m Breite. In der Länge, die kürzeste ist 4 m, kann jederzeit angebaut werden.
Das Kunststoffdeckmaterial ist hitze- und kältebeständig (bis –40°C) und selbst bei größter Kälte schlag-, stoß- und bruchfest. Mit einer Stärke von 15 mm haben die Kunststoff-Doppelwandprofile eine Lichtdurchlässigkeit von 70–80%. Auch hier ist keine Schattierung erforderlich.
Die Doppelwände brauchen für den Winter nicht zusätzlich isoliert zu werden. Für hohe Schneebelastung sind zusätzliche Zwischenböden empfehlenswert. Als Türen werden Schiebetüren geliefert, die sich zur Lüftung automatisch öffnen.
Die Grundkonstruktion besteht aus Aluminium. Der für die Abdeckung verwendete Kunststoff ist stabil und von guter Qualität, dafür liegt das Kunststoffgewächshaus bei vergleichbaren Größen aber auch auf dem Preisniveau des Glas- oder Stegdoppelplattengewächshauses.

Engel-Gewächshaus aus UV-stabilisierten und isolierenden Kunststoffdoppelwänden mit Schiebetür.

Kunststoffgewächshausdaten auf einen Blick

Rahmenkonstruktion:	Aluminiumleisten und -verbundprofile
Form:	Tunnel
Abdeckmaterial:	Kunststoffdoppelwände uv-stabilisiert
Lichtdurchlässigkeit:	70–80%
Schattierung:	nicht nötig
Haltbarkeit der Abdeckung:	10 Jahre
Verbrennungsgefahr von Blättern direkt am Kunststoff:	keine
Winterisolierung:	nicht nötig
Wärmedurchgangszahl:	k = 2,5

Glas- und Plexiglasgewächshäuser

Wer nicht nur das Zweckmäßige liebt und auch in der Lage ist, tiefer in den Geldbeutel zu greifen, Glas- oder Plexiglasgewächshäuser vielleicht auch für schöner hält, wer gar sein Wohnzimmer durch ein Anlehngewächshaus erweitern möchte und zwischen Pflanzen wohnen will, der schafft sich ein Glas- oder Plexiglasgewächshaus an. Am günstigsten für die Pflanzen ist sogar ein kombiniertes Gewächshaus, dessen Dach aus Stegdoppelplatten besteht, die das Schattieren erübrigen, und dessen Seitenwände aus Glas zum Hinaus- und Hereinschauen sind.

Der frühere Wintergarten erlebt im Anlehngewächshaus erfreulicherweise seine Wiedergeburt. Durch ihn wird ein Übergang zwischen Haus und Natur geschaffen. Aber nicht nur das. Die Luft in den angrenzenden Wohnräumen wird bei offener Tür durch die Erhöhung der Luftfeuchtigkeit und des Sauerstoffanteils verbessert.

Zusätzlich werden durch das vorgebaute Gewächshaus Heizkosten eingespart: Die gute Wärmedämmung des Gewächshauses hilft in den dahinterliegenden Räumen Heizkosten senken. An sonnigen Tagen im Winter erwärmt sich das Gewächshaus so, daß es noch Wärme an das Wohnhaus abgeben kann. Der Energiespareffekt ist so groß, daß in den USA die Einrichtung von solchen Wintergärten als wärmedämmende Maßnahme steuerlich gefördert wird.

Da ein Glasgewächshaus nicht nach Belieben verschoben werden kann, was bei einem Folienhaus verhältnismäßig leicht möglich ist, muß man den günstigsten Standort von vornherein gut überlegen. Welches ist der sonnigste Platz im Garten? Er ist auch der beste Platz für das Gewächshaus. Die billigste Energiequelle, die Sonne, sollte optimal genutzt werden. Während man im Sommer durch gute Lüftung und Schattierung die Pflanzen vor zu großer Hitze schützen kann, wird im Winter jeder Sonnenstrahl in unseren Breiten gebraucht. Der Schatten hoher Bäume sollte gemieden werden. Vor allem Nadelbäume, die ihre Nadeln im Winter behalten, sind ungünstig. Aber auch niedrige Gebäude und Sträucher werfen im Winter lange Schatten.

Zu weit vom Wohnhaus entfernt sollte das Gewächshaus nicht stehen. Im Winter schätzt man trockene Füße und bei Regen trockene KLeidung. Außerdem kosten kurze Versorgungsleitungen weniger Geld als lange.

Für lichtliebende südliche Gemüse stellt man das Gewächshaus in Nord-Süd-Richtung auf. Dadurch werden die Pflanzen von morgens bis abends gleichmäßig von der Sonne beschienen.

Topfpflanzen und Orchideen mit unterschiedlichen Lichtbedürfnissen brauchen eher die Ost-West-Richtung. In der Lichtfülle der Südseite gedeihen dann besonders lichthungrige Pflanzen, auf der Nordseite solche, die den Schatten bevorzugen.

Entscheidend für die Nutzung eines Gewächshauses ist nicht etwa nur die Größe der Grundfläche, sondern auch die nutzbare Fläche. Gerade Seitenwände, an denen man fast stehen kann, und ein Satteldach sind zu bevorzugen. Tische, Hängeregale und rankende Pflanzen brauchen Platz.

Fundamente und Sockel

Ein haltbares Gewächshaus sollte ein betoniertes oder gemauertes Fundament mit einer Aussparung für die Tür erhalten. Die Mauer reicht so weit in den Boden wie der Frost tief hineingeht (etwa 80 cm). Bei schlechten Bodenverhältnissen ist ein schützendes Fundament ebenfalls zu bevorzugen.

Das Gewicht eines Aluminium-, Glas- oder Stegdoppelplattengewächshauses ist beträchtlich. Es läßt sich nicht so leicht von Stürmen beeindrucken. Deshalb reicht auch ein Aluminium- oder Holzbalkenfundament aus. Letzteres hat den Vorteil, beim Übergang von der Erde zum Gewächshaus keine Kältebrücke zu bilden. Es ist außerdem leicht verlegbar. Das Holz ist druckimprägniert und verrottet Jahrzehnte nicht. Fundamente müssen waagrecht und winkelgerecht sein.

Der Sockel darf nicht hoch sein, wenn die Sonne durch das tief hinunterreichende Glas den Boden bescheinen soll. Die Traufhöhe sollte einschließlich Sockel bei 2 m liegen.

Bei einem Neubau des Wohnhauses ist es vorteilhaft, Fundament und Sockel für das Gewächshaus gleich mitmachen zu lassen. Die Erdbewegungen gestalten sich in einem fertigen Garten oft schwierig. Soll das Gewächshaus an die Hausheizung angeschlossen werden, sind 10 000–15 000 Wärmeeinheiten mehr zu berücksichtigen.

Das Material für die Konstruktion

Bevorzugt wird die Aluminiumkonstruktion. Sie ist witterungsbeständig und wartungsfrei. Die Statik richtet sich nach den DIN-Vorschriften. Es gibt auch Kombinationen aus Aluminium und Holz, die ebenfalls viele Jahre halten.

Auch reine Holzkonstruktionen werden angeboten. Bei ihnen sind die Wärmedämmwerte besonders günstig. Die Hölzer sind entweder druckimprägniert oder durch Tauchgrundierung dauerhaft imprägniert.

Abdeckung

Der durchsichtige Teil der Gewächshäuser bietet viele Materialmöglichkeiten. Die auf den ersten Blick preiswerteste Lösung ist die Einfachverglasung. Sie kann die teuerste werden, wenn man sein Gewächshaus im Winter beheizen will. Manche Gewächshäuser sind so konstruiert, daß eine zusätzliche Scheibe nachträglich leicht eingesetzt werden kann.

Von dem preiswerten Well-PVC kommt

VAW-Gewächshaus mit Stegdoppelplatten.

Glas- und Plexiglasgewächshäuser

Krieger-Anlehngewächshaus mit gemauertem Fundament und Fundamentaussparung für die Tür.

man immer mehr ab. Die Firmen, die es noch liefern, bieten nur eine zweijährige Garantie. Die Lichtdurchlässigkeit von Well-PVC beträgt 90%. Der k-Wert ist mit 6,0 nicht besonders günstig.

Ebenfalls aus PVC sind die oft verwendeten PVC-Stegdoppelplatten. Sie sind hagelsicher, schlagfest und witterungsbeständig. Die Lichtdurchlässigkeit beträgt wie bei Plexiglas 86–90%. Die Heizkostenersparnis liegt bei 50% und mehr.

Plexiglas-Stegdoppelplatten bestehen wie PVC-Stegdoppelplatten aus 2 Scheiben, die durch Stege aus dem gleichen Material voneinander getrennt liegen, so daß zwischen den beiden Scheiben eine wärmedämmende Luftschicht eingeschlossen ist. Stegdreifachplatten bieten bei etwa gleicher Lichtdurchlässigkeit höhere Heizkostenersparnis als Doppelplatten. Das wachstumsfördernde UV-Licht wird zu 86% durchgelassen und ist hier günstiger als bei Glas mit etwa 70%. Die Plexiglas-Stegdoppelplatten gibt es in verschiedenen Stärken. Sie sind sturm- und hagelsicher, belastbar und witterungsbeständig. Der k-Wert liegt bei 2,7.

Ähnlich sind die Eigenschaften der Stegdoppelplatten aus Polycarbonat.

Das anfangs erwähnte einfache Blankglas gibt es auch als Doppel- und Dreifachisolierverglasung. Der k-Wert beträgt bei ersterem 3, bei letzterem 1,9. Es werden meist 5 Jahre Garantie gegeben. Die Lichtdurchlässigkeit ist mit 92% sehr gut. Blankglas muß bei starker Sonneneinstrahlung in jedem Fall schattiert werden.

Eine leichte Schattierung bietet genörpeltes Klarglas. Es bietet Hagel mehr Widerstand als Glas. Die Lichtdurchlässigkeit kann sich mit 90% mit Plexiglas-Stegdoppelplatten und Blankglas vergleichen. Sein k-Wert beträgt allerdings nur 6 wie beim einfachen Blankglas.

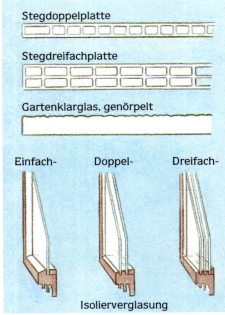

Verglasungsarten.

Von Bedeutung für den Energieverbrauch sind neben der Verglasung auch die Übergänge zwischen Aluminiumstreben und Platten. Die dauerelastischen Dichtbänder sorgen für fugenlose Übergänge. PVC-Klemmprofile senken die Abstrahlung von Innenwärme an die Außenluft.

Einige Gewächshäuser haben geschwungene Giebel. Hier entfällt die lichtschluckende Traufe. Sie wirken besonders formschön als Wintergärten, zumal sie auch doppelverglast werden.

Die runden, mehreckigen Gewächshäuser haben ebenfalls etwas sehr Beschwingtes. Vom einfachen sechseckigen Bau bis zu den raffiniertesten vieleckigen Anbauten an Wohnhäuser gibt es zahlreiche Varianten, die keine Wünsche offen lassen. Da können Hausecken von einem sechseckigen Rundbau ummantelt sein. Langgestreckte Gewächshäuser enden an beiden Seiten mit dreieckigen Abschlüssen. Eine Schmalseite oder eine Breitseite kann sich zum Haus öffnen. Auch Innenteile zwischen Wänden können überglast werden. Flachdächer über Garagen erhalten Glastunnel zum Abschluß von Satteldächern. Sogar doppelgeschossige Glaskuppeln gibt es.

Beispiele für mehreckige Rundbau-Anlehngewächshäuser.

Glas- und Plexiglasgewächshäuser 55

Daten von Glas- und Plexiglasgewächshäusern

Rahmenkonstruktion: Aluminium- oder Holzprofile

Form: Satteldach, Pultdach, Tunnel, Vieleck

Abdeckung:
a) Einfach-, Doppel- oder Dreifachblankglas
b) Nörpelklarglas
c) Plexiglas-Stegdoppelplatten
d) Plexiglas-Stegdreifachplatten
e) wie c, aber aus Polycarbonat
f) wie c, aber aus PVC
g) Well-PVC

Lichtdurchlässigkeit:
a) 92%
b) 90%
c, d, e und f) 86–90%
g) 90%

Schattierung:
a) unbedingt nötig
b) bei kurzer Sonnenbestrahlung und leicht bedecktem Himmel nicht nötig, bei voller Sonnenbestrahlung unbedingt erforderlich
c–g) nicht nötig

Haltbarkeitsgarantie:
a) 5 Jahre
b) 6 Jahre
c–f) 10 Jahre
g) 2 Jahre

Verbrennungsgefahr von Blättern direkt an der Scheibe:
a, b) ja
c–g) keine

Winterisolierung: nicht nötig, nur bei Einfachverglasung mit Luftpolsterfolie

Wärmedurchgangszahl (k-Wert):
a) 6,0, 3,0 und 1,9
b) 6,0
c) 2,7
d) 2,2
e) 3,1
f) 3,5
g) 6,0

Solargewächshäuser

Im Grunde genommen ist jedes Gewächshaus ein Solargewächshaus. Es nimmt Sonnenwärme, von der Sonne kostenfrei zur Verfügung gestellt, auf und hält diese länger als die umgebende Atmosphäre.

Unser Umweltbewußtsein und die immer teurer werdende Energie aus Öl, Gas, Kohle und Kernenergie machen es notwendig, Gewächshäuser so weit wie möglich unabhängig von diesen Energien zu halten.

In Mitteleuropa ist die Sonne aber leider nicht so verschwenderisch mit Licht und Wärme wie in südlicheren Landschaften. Da heißt es, erfinderisch zu sein.

Der Wärmedurchgang ist beim normalen Gewächshaus heute schon so gering, wenn man Stegdoppel-, Stegdreifachplatten, Doppelisolierglas oder Dreifachisolierglas wählt, daß damit schon sehr viel getan ist. Auch die Kombination, außen Stegdoppelplatten, innen mit Abstand Einfachverglasung, wird angeboten. Das ist wirklich die Ideallösung.

Die dauerelastischen Dichtebänder und PVC-Klemmprofile sorgen für die notwendige dichte Verbindung zwischen Abdeckplatten und Konstruktion.

Fundamente, die warm halten

Kältebrücken müssen vermieden werden. Das erreicht man durch Holzfundamente, Hohlziegel oder Doppelmauern. Auch dem Fundament innen vorgelagerte Styroporplatten werden empfohlen. Betonfundamente sollten außen wärmegedämmt sein. Gegen Feuchtigkeit ist Bitumenanstrich, Bitumenpappe, Kunststoffolie oder Teerpappe zum Erdreich hin mit Dämmplatten vor der Mauer angebracht, denn bei Feuchtigkeit läßt die Wirkung der Dämmplatten allmählich nach. Auch eine Drainageschicht aus Kies ist nützlich, bei Hanglage, wenn aus der Richtung Wasser kommt, unerläßlich. Unten in der Kiesschicht verlegt man ein Drainagerohr mit leichtem Gefälle, damit das Wasser nicht nur nach unten abfließt, sondern seitlich abgeführt werden kann.

Leichte Gewächshauskonstruktionen erfordern ein Fundament von etwa 20 cm Dicke; bei schwereren Konstruktionen verbreitert man das Fundament unterhalb der Frostgrenze nach innen und außen um je 20 cm.

Gegen aufsteigende Feuchtigkeit innerhalb des Gewächshauses und gegen Staunässe sollte man in etwa 80 cm Tiefe als Drainage eine Kiesschicht einstreuen. Auch die Wege

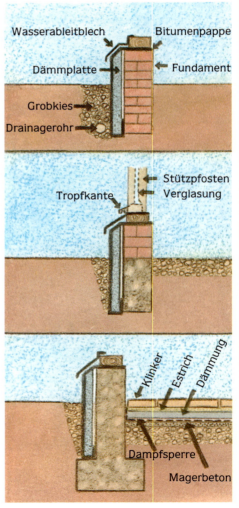

Fundamente, wärmedämmende Basen.

vertragen eine Grobkieseinlage, gleichviel, ob darauf ein Fußboden zur Erweiterung des Wohnraums in einem Anlehngewächshaus mit Magerbeton, Dampfsperre, Dämmplatten, Estrich und Fußbodenbelag (Steinplatten, Waschbeton, Klinker) verlegt wird oder ob der Kies als Weg (eventuell noch mit Waschbeton oder Ziegeln belegt) begangen wird.
Der über dem Fundament aus dem Erdreich herausragende Sockel sollte entweder aus witterungsbeständigem Material wie Hochbauklinker bestehen oder bis zur Spritzwasserhöhe (etwa 30 cm über dem Erdniveau) mit einer wasserabweisenden Schicht versehen werden. Der Sockel wird außerdem oben nach außen abgeschrägt, damit Wasser abfließen kann. Ein Regenschutzblech und eine Tropfkante vervollständigen den Sockel.
Ein durchgehendes Fundament ist zwar arbeits- und zeitaufwendig, aber vor allem für die Anlage eines Solargewächshauses äußerst vorteilhaft. Von dieser Seite des Gewächshauses treten dann kaum mehr außergewöhnliche Wärmeverluste auf.
Für leichtere Gewächshäuser, oder wenn

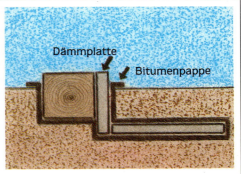

Fundament für leichte Gewächshäuser.

diese bald wieder demontiert werden müssen, empfiehlt sich ein dicker Holzbalken. Er wird einfach auf eine Schotterschicht gelegt und muß selbstverständlich gut imprägniert sein. Nach außen und soweit er in der Erde liegt, sollte er mit einer Bitumenpappe oder Folie geschützt werden. Außen wird eine Dämmplatte gegengelegt, und in geringer Bodentiefe werden Dämmplatten waagrecht eingelegt und mit Erde auf das umgebende Bodenniveau aufgeschüttet.

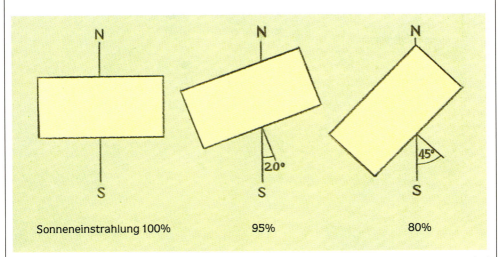

Wärmeverbessernde Lage von Anlehngewächshäusern bei Südlage und Strahlungsverluste bei Südost- oder Südwestlage.

Standort

Die optimale Ausnutzung der Sonnenwärme ist bei einem Solargewächshaus außerdem vom Standort abhängig.
Freistehende Gewächshäuser in Ost-West-Richtung haben im Winter einen höheren Sonnenstrahleneinfall, solche in Nord-Süd-Richtung haben ihn im Sommer.
Das Anlehngewächshaus zur Wärmeverbesserung dahinterliegender Räume im Winter steht mit der größten transparenten Fläche nach Süden. Bei Abweichungen von 20° nach Osten oder Westen entsteht ein Strahlungsverlust von 4–5 %. Eine Lage nach Osten ist für das Pflanzenwachstum der nach Westen vorzuziehen.
Bei einer Abweichung von etwa 45° von der Südlage tritt ein Verlust an direkter Sonneneinstrahlung von etwa 20 % ein. Da wir in unseren Breiten oft diffuses Licht haben, ist der Verlust nicht ganz so hoch.

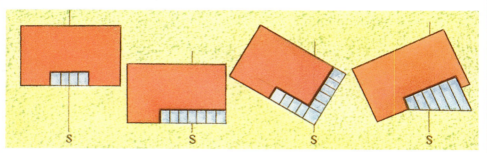

Lage von ins Wohnhaus eingelassenen Gewächshäusern.

Eine weitere Möglichkeit, der Wärme im Anlehngewächshaus möglichst wenig Abstrahlmöglichkeit zu bieten, ist das eingelassene Gewächshaus, das auch im Osten und Westen eine Wohnhauswand hat. Ist das nicht möglich, oder nur nach Osten oder Westen, empfiehlt es sich, nach Osten und Westen keine transparenten, sondern gut isolierte Wände zu wählen. Hier muß man Lichtmenge und Wärmeverlust gegeneinander abwägen.
Ein mit der Breitseite nach Südost oder Südwest liegendes Wohnhaus kann trotzdem eine nach Süden ausgerichtete transparente Gewächshauswand haben, wenn man diese Wand nicht parallel zur Wohnhauswand verlaufen läßt.

Neigungswinkel

Um die Sonnenstrahlen ohne allzuviel Reflektion einzufangen, ist auch der richtige Neigungswinkel von transparenten Gewächshauswänden und Dächern zu beachten. Die Durchlässigkeit von transparenten Wänden ist bei senkrechtem Auftreffen der Sonnenstrahlen am größten.

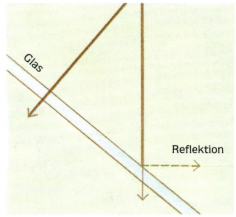

Senkrechter und schräger Sonnenstrahleneinfall.

Solargewächshäuser

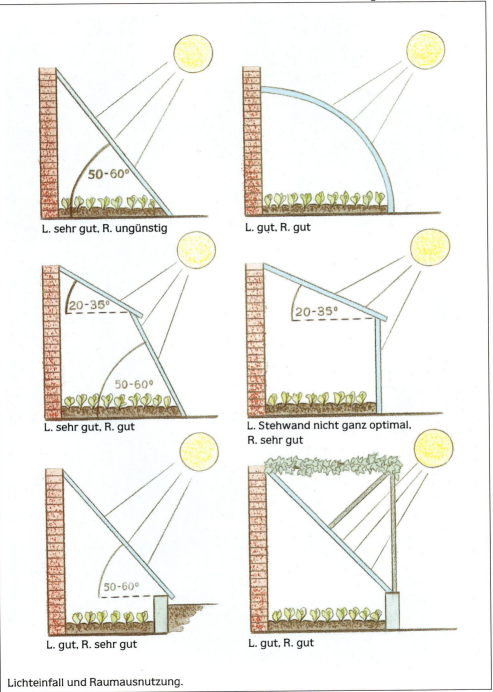

Lichteinfall und Raumausnutzung.

Dem senkrechten Einfall entsprechen auch die Angaben der Hersteller von Gewächshäusern.

Da das Auftreffen der Strahlen im Laufe des Tages und Jahres schwankt, wird die angegebene Prozentzahl nur für kurze Zeiten erreicht. Man muß daher für Dächer und Wände eine Schräge wählen, die mehr dem Tiefstand der Sonne im Winter entspricht. Für transparente Schrägen vom Bodenniveau oder von Sockelhöhe ab sind Neigungswinkel zwischen 50° und 60° richtig. Bei Konstruktionen mit senkrechter Stehwand sollte die Dachneigung mindestens 20°, besser noch 25–30° betragen.

Man wird oft Kompromisse schließen müssen. Vor allem beim Anlehngewächshaus ist die Stockwerkhöhe und der Dachbeginn zu berücksichtigen. Dazu muß bedacht werden, daß die Innenraumnutzung bei einer Dachschräge vom Erdboden aus nicht günstig ist. Der Randbereich ist nur bei einer senkrechten oder fast senkrechten Stehwand begehbar.

Wärmespeicherung

Damit die Temperaturschwankungen im Solargewächshaus gering gehalten werden und möglichst wenig Fremdenergie eingesetzt werden muß, ist Wärmespeicherung notwendig.

Hier lassen sich dunkel gestrichene oder beschichtete Mauern, die im Anlehngewächshaus oder als isolierte Wände im freistehenden Gewächshaus verfügbar sind, sinnvoll nutzen. Die rückwärtige Wand im Anlehngewächshaus nimmt bei Tag die eingestrahlte Wärme auf und leitet sie an den dahinterliegenden Wohnraum weiter.

Wenn bei Nacht die Temperatur im Gewächshaus abnimmt, gibt die Wand die Wärme aus dem Wohnraum an das Gewächshaus ab, sobald die Temperatur im Gewächshaus niedriger ist als die im Wohnraum.

Wasser ist wegen seiner großen Wärmespeicherfähigkeit sehr gut für die Wärmespeicherung geeignet. Die Wärmeaufnahmefähigkeit und die Zeitverzögerung bei der Wärmeabgabe können durch das Verhältnis zwischen Volumen und Speicheroberfläche gesteuert werden. Viele kleinere, übereinander gestapelte und mit Wasser gefüllte Kanister geben die Wärme schneller ab als eine Wassertonne mit großem Inhalt und kleiner Oberfläche.

Für das Solargewächshaus, vor allem, wenn es ohne Fremdenergie betrieben werden soll, ist es günstig, Kurzzeit- (große Oberfläche/geringes Volumen) und Langzeitspeichermassen (kleine Oberfläche/großes Volumen) zu verwenden.

Die Oberflächen sollten schwarz, dunkelblau, dunkelbraun, dunkelblaugrau oder dunkelblaugrün gestrichen sein. Mattes Schwarz absorbiert die Wärme am besten, glänzendes Weiß am schlechtesten.

Die bereits in dem Kapitel Foliengewächshäuser gründlich besprochenen Beta-Solar-Schläuche geben mit ihrer verhältnismäßig großen Oberfläche die Wärme des Wassers schnell wieder ab. Zusätzlich sollte deshalb jedes Solargewächshaus eine dickere oder dünnere Wand aus schwarzen Kanistern mit gutem thermischem Kontakt haben. Hier kann man die Wärmeabgabe dosieren. Eine Wand aus einer Reihe Kanister gibt die Wärme schneller ab, als eine aus zwei oder gar aus drei Reihen.

Man kann diese Wände als Fuß unter einer Tischplatte haben, vor Dämmplatten an der Nordwand oder eingebaut in ein erhöhtes Pflanzbeet.

Da sich Wasser bei Erwärmung und Einfrieren ausdehnt, dürfen die Behälter nicht ganz voll gefüllt werden. Auf keinen Fall wählt man Glasflaschen.

Man rechnet mit 100 l Wasser für 1 m² transparente Gewächshausfläche, wenn die Wärme bei guter Gewächshausisolierung bei mäßigen Außentemperaturen für die Nacht ausreichen soll. In unseren Breiten läßt sich bis jetzt nicht genau sagen, wie weit die eingestrahlte Sonnenenergie in einem passiven Solarsystem ausreicht. Es gibt noch keine Versuchsergebnisse. Dazu kommt, daß in der Bundesrepublik Deutschland sehr unterschiedliche Klima-

Solargewächshäuser

verhältnisse vorzufinden sind. Das milde Klima um Freiburg im Breisgau oder an der Bergstraße ist nicht mit Höhenlagen in den Alpen oder dem windigen Norddeutschland zu vergleichen. Auch kleinklimatische Verhältnisse müssen berücksichtigt werden. Neblige Tallagen, die Dunstglocke einer Großstadt oder eines Industriegebiets und windige Höhenlagen beeinflussen den Energiebedarf beträchtlich.

Wärmespeichermöglichkeiten.

Bau-vorschriften

Wer ein Gewächshaus in seinem Garten aufstellen will, sollte sich für alle Fälle beim örtlichen Bauamt oder der Baubehörde des betreffenden Landkreises erkundigen, ob er eine Baugenehmigung braucht. Die Vorschriften sind in jedem Land der Bundesrepublik Deutschland anders, werden aber recht unbürokratisch gehandhabt.
In den meisten Bundesländern sind freistehende Gewächshäuser anzeige- und genehmigungsfrei, wenn diese eine bestimmte Firsthöhe nicht überschreiten, den vorgeschriebenen Gebäudeabstand (in den meisten Bundesländern 3 m) zum nächsten

Erweiterter Wohnraum durch ein Krieger-Anlehngewächshaus.

Bauvorschriften

festen Bauwerk einhalten und der vorgeschriebene Abstand vom Gewächshaus zur Grundstücksgrenze eingehalten wird. Bei Anlehngewächshäusern verhält es sich anders. Sie gehören zu den genehmigungspflichtigen Bauvorhaben. In diesem Fall muß ein Bauantrag eingereicht und die Genehmigung abgewartet werden. Vordrucke der Anträge gibt es bei der Bauaufsichtsbehörde, bei der man erfragen sollte, was alles verlangt wird. Meist ist eine Bauzeichnung mit Grundriß, Vorder- und Seitenansicht des Gewächshauses und seine Anbindung an das Wohnhaus mit Maßangaben im Maßstab 1 : 100 oder 1 : 50 einzureichen. Eine Querschnittzeichnung der tragenden Konstruktion reicht in den meisten Fällen aus. Der Bauantrag muß von einer berechtigten Person, etwa einem Architekten oder Ingenieur, eingereicht werden. Die Baubehörde erhebt für das Genehmigungsverfahren eine Gebühr.

Die nachstehende Tabelle bietet nur einen Überblick über die Genehmigungs- und Anzeigenauflagen der freistehenden Gewächshäuser, die aber keineswegs immer gültig sein müssen, da in manchen Bundesländern Änderungen überlegt werden.

Bundesland	Firsthöhe bis m	bis m³ Inhalt	*)	Grenzabstand bis m	Auflage
Baden-Württemberg	3,50	15	x	3	genehmigungsfrei
Bayern	3,50	30	x	3	genehmigungsfrei
Berlin	4	–	–	3	genehmigungs- und anzeigefrei
Bremen	4	–	●	3	genehmigungsfrei
Hamburg	5	–	●	3 Ausnahmen zulässig	genehmigungsfrei anzeigepflichtig
Hessen	4	15	x	2,50 Ausnahmen zulässig	genehmigungs- und anzeigefrei
Niedersachen	4	–	●	3 Ausnahmen zulässig	genehmigungsfrei
Nordrhein-Westfalen	3	–	●	3	genehmigungsfrei
Rheinland-Pfalz	4	–	x	3	genehmigungsfrei anzeigepflichtig
Saarland	4	–	●	–	genehmigungsfrei anzeigepflichtig
Schleswig-Holstein	4	–	●	3	genehmigungs- und anzeigefrei

*) ohne Abort, ohne Feuerstätte, kein Aufenthaltsraum, alle 3 Forderungen = x, ohne Feuerstätte = ●

Gewächshauszubehör

Das wichtigste Zubehör ist im Zusammenhang mit den veschiedenen Gewächshaustypen erwähnt oder sogar ausführlich beschrieben worden. Hier soll wegen der klareren Übersicht und den noch nicht vorgestellten Dingen, die die Arbeit im Gewächshaus rationeller gestalten helfen können, ein Gesamtüberblick gegeben werden.

Bewässerung

Eines der wichtigsten und auch zeitaufwendigsten Gebiete im Gewächshausanbau stellt das Gießen dar. Wer berufstätig ist und wenig Zeit hat, ist selbst bei der Betreuung eines kleineren Gewächshauses täglich einige Zeit beschäftigt. Außerdem taucht vor jeder Reise die Frage auf: Wer betreut die Pflanzen im Gewächshaus?

Ein weiteres Problem stellt die Nutzung von Regenwasser dar, denn Wasser aus der Leitung ist teuer. Regenwasser gibt es hingegen kostenlos. Es hat aber nicht mehr die ursprüngliche Qualität.

Trotz allem läßt sich Regenwasser immer noch nutzbringend für die Gartenpflanzen verwenden. Den Säurewert mißt man mit im Handel erhältlichen Kalkprüfern. Der pH-Wert (pH = potentia hydrogenii = Was-

Krieger-Orchideen-Gewächshaus mit Luftbefeuchter (l. oben), Hochleistungsstrahler als wachstumsfördernde Zusatzbeleuchtung (Mitte oben) und Ventilator (r. oben).

Bewässerung 65

serstoffstärke) des sauberen Regenwassers liegt zwischen 6 und 7, ist also schwach sauer bis neutral. Wird dieser Wert unterschritten, mischt man dem Regenwasser geringe Mengen Biosmon, Pflanzenjauche (beispielsweise von Brennesseln oder Schachtelhalm), Algifert, auch Alginure Granulat oder Alginure Quellperlen bei und rührt den homöopathischen Zusatz mit dem Regenwasser 5 Minuten in wechselnder Richtung durch. So gewinnt man ein wachstumsförderndes Regenwasser, dessen pH-Wert der normalen Regenwasserqualität entspricht.

Wie sammelt man nun Regenwasser? Es gibt ein ganzes System, das mit dem Regenwassersammler, eingebaut in den schräg von der Dachrinne verlaufenden Teil des Regenfallrohres, beginnt und über einen Schlauch mit Regulierventil in eine Regenwassertonne führt. Das Regulierventil schließt den Wasserzulauf, wenn die Tonne voll ist, und öffnet bei sinkendem Wasserspiegel in der Tonne. Die Tonne eignet sich gut zur gelegentlichen Überprüfung des pH-Wertes des Wassers und auch zum Rühren mit Zusätzen.

Die Regentonne besitzt unten einen Anschluß, an den ein Schlauch angesetzt wird. Zwischen Zuleitungsschlauch und Tropfschlauch wird ein Filter eingebaut. Regler reagieren auf Feuchtigkeit und Trockenheit. Wird die Erde für die Pflanzen zu trocken, spenden die Regler so viel Wasser, wie von jeder Pflanze, ob klein oder groß, gebraucht wird.

Diese automatische Bewässerung kann auch von einem Wasserhahn aus betrieben werden. Dazu wird ein Druckreduzierventil auf den Wasserhahn aufgeschraubt, damit der Leitungswasserdruck im angeschlossenen Schlauch reduziert wird.

Ein 2–5 m hoch angebrachter Wasserbehälter mit Schwimmerventil versorgt den Tropfschlauch mit Leitungswasser.

Will man viele Topfpflanzen automatisch mit Wasser versorgen, stellt man sie in flache Wannen, in die man Bewässerungsmatten, beispielsweise Aquavlies, einlegt. Ein einziger Regler versorgt die Matte mit Wasser und damit alle Pflanzentöpfe auf der Matte. Statt der Matte kann auch Weißtorf in die Wannen gefüllt werden.

Sowohl in der Regentonne als auch im Wasserbehälter ist das Wasser immer abgestanden und damit auf die Umgebungstemperatur erwärmt. Das ist für die Pflanzen besser als frisches und damit kaltes Leitungswasser. Tonne und Wasserbehälter machen den Zusatz von Flüssigdünger jederzeit möglich.

Zum Sammeln von Regenwasser kann auch der Regenwasserfänger, der in das senkrechte Regenwasserfallrohr eingesetzt wird, verwendet werden.

Luftbefeuchter sind hauptsächlich für die Züchtung von tropischen Pflanzen, wie beispielsweise Orchideen, Tillandsien, Kannenpflanzengewächse oder Bromelien, anzuraten. Diese brauchen eine geregelte, hohe

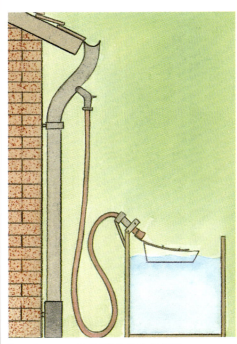

Regenwassersammler und -tonne.

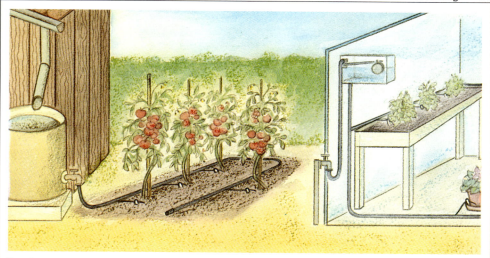

Bewässerungssystem.

Luftfeuchtigkeit, wenn sie gedeihen sollen. Der elektrisch betriebene Luftbefeuchter mit Hygrostat arbeitet selbsttätig und schaltet sich ein, wenn die Luftfeuchtigkeit absinkt. Ist die gewünschte Luftfeuchtigkeit im Gewächshaus wieder erreicht, schaltet der Luftbefeuchter von allein ab.

Für den normalen Gewächshausbetrieb reicht ein Hygrometer aus, der die Luftfeuchtigkeit anzeigt.

Ein Drucksprüher mit Wasser und Alginure-Verdunstungsschutzspray sollte in jedem Gewächshaus stehen. Sprüht man kurz mit ihm in die Luft, wird die Luftfeuchtigkeit gleich erhöht. Besprüht man die Pflanzen selbst, verdunsten sie weniger Wasser.

Dem Sprühwasser kann man auch Blattdünger, verdünnte Kräutertees, -brühen oder -jauchen beimischen.

Alginure-Verdunstungsschutzspray sorgt dafür, daß die Pflanzen nicht zuviel Wasser über ihre Blätter verdunsten. Das kann für die Pflanzen hilfreich sein, wenn die Luft im Gewächshaus doch einmal zu trocken wird.

Schachtelhalm als Tee, Brühe oder Jauche dem Sprühwasser beigemischt und auf die Pflanzen versprüht, vermindert Pilzkrankheiten, falls die Luft im Gewächshaus zu feucht ist.

Heizung

Die verschiedenen Möglichkeiten, ein Gewächshaus im Winter energiesparend zu beheizen, sind bereits im Kapitel über Gewächshäuser eingehend erörtert worden.

Neben elektrischen Heizlüftern, die Wärme spenden und gleichzeitig die Luft umwälzen, den Brikett-, Öl- und Gasöfen sowie dem Anschluß an die Hauszentralheizung stehen auch raumsparende Rippenrohrheizkörper und Heizrohre zur Verfügung. Durch die große Abstrahlfläche und eine gleichmäßige Verteilung der Rohre wird ein Gewächshaus sehr einheitlich beheizt.

Der Wirtschaftlichkeit halber sind solche Elektroröhren hauptsächlich als Übergangsheizung, Zusatzheizung und für kleine Gewächshäuser zu empfehlen. Gute Isolierung des Gewächshauses vermindert die Heizkosten beträchtlich.

Rippenheizröhren gibt es in Ausführungen, die sehr heiß werden. Sie müssen so angebracht sein, daß sich niemand verbrennen kann. Bei temperierten Röhren tritt diese Gefahr nicht auf.

Auch eine Elektro-Umluftheizung spart erhebliche Heizkosten. Diese können bei gut isolierten Gewächshäusern bei 30% liegen.

Gewächshauszubehör

Rippenrohrheizung.

Elektro-Umluftheizungen gibt es in Höhen von 160 cm und 225 cm. Die nützliche Wirkung besteht darin, daß die warme Luft von oben durch ein Walzengebläse über einen Heizkörper nach unten geführt und in Bodennähe des Gewächshauses verteilt wird. Im Sommer kann man die Umluftheizung als Kaltgebläse verwenden und spart dadurch den Ventilator.

Für an sich unbeheizte Gewächshäuser kann trotzdem eine Möglichkeit geschaffen werden, daß Pflanzen frostfrei überwintern können. Dazu legt man gut isolierte Frühbeete an, die mit Bodenheizkabeln ausgestattet sind. Sind die Beete gut abgedeckt, kann bereits im tiefsten Winter mit der Anzucht von Gemüse- und Zierpflanzen begonnen werden. Dazu verwendet man zusätzlich allerdings wirtschaftliche Leuchtstofflampen, die das Wachstum

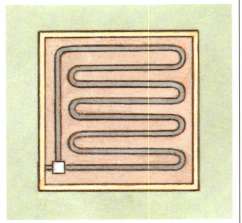

Bodenheizkabel.

fördern. Ein Dämmerungsschalter sorgt für optimale, wachstumsfördernde Beleuchtung in der lichtarmen Jahreszeit und für wirtschaftlichen Stromverbrauch.

Lüftung

Eine gute Belüftung des Gewächshauses fördert das Wachstum der Pflanzen. Dachfenster entlüften, in den Stehwänden tief angebrachte Seitenfenster sorgen für Frischluft.

Hilfreich sind die ohne Strom arbeitenden automatischen Fensteröffner. Man stellt sie auf eine bestimmte Temperatur ein, bei der sie die Fenster öffnen. Wird die gewählte Temperatur unterschritten, schließen sich die Fenster.

Hat man keinen Heizlüfter und keine Umlaufheizung, ist ein Ventilator sinnvoll. Durch die Luftumwälzung werden Wärme

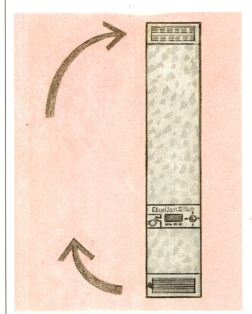

Umluftheizung für sparsamen Energieverbrauch.

Automatischer Fensteröffner von Krieger.

und Feuchtigkeit gleichmäßig verteilt. Bewegte Luft verhindert die Tropfwasserbildung, läßt die Pflanzen schneller abtrocknen und verhindert dadurch Pilzbefall und Fäulnis.
Ventilatoren für Gewächshäuser sind

Ventilator.

gegen Feuchtigkeit geschützt. Die Drehzahl kann durch einen Drehzahlregler eingestellt werden. Sie werden in 1,5 m Höhe über den Tischen oder leicht geneigt über Kopfhöhe im Gang aufgehängt. Die Pflanzen sollen sich in der Luft leicht bewegen.
Im Sommer kann eine windunabhängige Zwangsentlüftung wichtig sein. Der Ventilator wird unterhalb des Daches im obersten Giebelteil montiert. Mit einem Lüftungsthermostat versehen, bläst er beim Erreichen der Höchsttemperatur im Gewächshaus die verbrauchte warme Luft nach draußen, frische Luft strömt durch die Seitenfenster nach. Die Hersteller von solchen Ventilatoren geben an, für welche Gewächshausgröße welcher Ventilator angemessen ist.

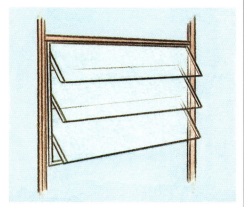
Lamellenfenster für Frischluftzufuhr am Boden.

Lamellen- oder Jalousiefenster sind vor allem für die Luftzufuhr im unteren Teil des Gewächshauses geeignet. Auch sie können – eingebaut in Bodennähe – automatisch geöffnet und geschlossen werden.

Meßgeräte

Die bereits erwähnten Thermometer, hier vor allem das praktische Maxima-Minima-Thermometer, Hygrometer zur Messung der Luftfeuchtigkeit, Thermostate für die automatische Steuerung von Heizlüftern, Ventilatoren zur Zwangsentlüftung, Rohr- und Rohrrippenheizungen und Öfen, Hygrostate für die selbsttätige Bedienung von Luftbefeuchtern, kann man noch ergänzen durch Bodenhygrometer und -thermometer.

So kann sowohl die Bodenfeuchtigkeit als auch die Bodentemperatur kontrolliert werden. In Anzuchtkästen und Pflanzkübeln ist die Messung der Bodenfeuchtigkeit sinnvoll, soweit man kein Bewässerungssystem mit Reglern einsetzt. Die Bodentemperatur mißt man in Anzuchterden; sie muß auf die Temperatur der Gewächshauserde gebracht werden, bevor man pikiert oder umpflanzt. Auch die Bodentemperatur in Saatschalen sollte möglichst konstant gehalten werden. Dazu muß die Erde öfter auf ihre Temperatur hin überprüft werden.

Speziell für das vollklimatisierte Kleingärtnergewächshaus gibt es einen Elektroschaltschrank für die automatische Klimasteuerung. Er regelt die wachstumsfördernde Zusatzbeleuchtung, den Luftbefeuchter, die Raumtemperatur mit Nachtabsenkung, die Luftumwälzung und -befeuchtung.

Schattierung

Glasflächen müssen bei Sonne schattiert werden, damit die Pflanzen im Gewächshaus nicht verbrennen und die Luft nicht überhitzt wird. Der früher allein verwendete Kalkanstrich wird heute kaum noch gemacht, denn, ist er einmal auf dem Glas, bleibt er auch bei trübem Wetter darauf und nimmt den Pflanzen Licht weg, das sie dringend benötigen.

Heute verwendet man Schattiermatten. Die zweckmäßigste Schattierung ist zweifellos die Außenschattierung, weil sie die Erhitzung der Glasscheiben, die sich auf die Innenluft überträgt, wirkungsvoll verhindert. Außerdem behindert sie nicht die im Gewächshaus rankenden Pflanzen.

Die Kunststoffschattierungen sind aus Polyäthylen, sehr witterungsbeständig und abwaschbar.

Außenschattierung.

Innenschattierung.

Innenschattiervorhänge gibt es ebenfalls aus Polyäthylen oder Textilfaser.

Stellflächen

Außer auf dem Kulturboden im Gewächshaus, der meist für Gemüse vorgesehen ist, in Anlehngewächshäusern vor allem aber auch als Zierpflanzenrabatte genutzt wird, kann man im Gewächshaus etagenweise Pflanzen kultivieren.

Für Topfpflanzen, Saatschalen und Pikierschalen braucht man Tische oder Regale.

Jeder Gewächshaushersteller liefert sie passend zur Länge und Breite seiner Gewächshauseinheiten. Die Tische bestehen aus einer feuerverzinkten Stahl- oder öfter noch aus einer Aluminiumkonstruktion. Die Tischplatte hat meist einen Rahmen mit eingespanntem feuerverzinkten oder kunststoffbeschichteten Draht. Es gibt aber auch Holzbretteinlagen, die oben seewasserfest lackiert sind. Man kann die Bretter zu einer durchgehenden Fläche zusammenschieben oder auch aufgefächert benutzen, wenn Lichteinfall durch den Tisch und eine bessere Ventilation gewünscht werden. Es werden auch Tische geliefert, die man seitlich wegklappen kann.

Tische mit doppeltem Boden werden ebenfalls angeboten. Räumt man die Bretter ab, kann man in den darunterliegenden Kasten pflanzen. Über den Tischen lassen sich schmalere Regale anbringen. So kann man in 3 Etagen Pflanzen ziehen.

Manch einer hat an jeder Seite seines Gewächshauses Tische und Regale. Will man Bohnen, Tomaten oder Gurken ziehen, läßt man eine Seite frei oder kauft Tische, die man wegklappen oder wegräumen kann. Hängetische kann man zwar abschrauben, aber das erfordert mehr Zeit.

Bekalkte Gewächshausfenster.

Gartengeräte für Gewächshauskulturen

Gartengeräte sind vor allem dazu da, den Boden für die Aufnahme von Samen oder Pflanzen vorzubereiten. Durch Auflockern unterstützen sie die Durchlüftung des Bodens; sie zerkleinern grobe Schollen und schaffen eine Feinkrümelung, die allerdings noch nichts mit der gewünschten Bodengare zu tun hat.

Diese Feinkrümelung durch Geräte ist nichts anderes als die Zerkleinerung größerer Erdklumpen in kleinere. Das ist durchaus sinnvoll, da Samen in zusammengebackenen Erdstücken nicht aufgehen würden. Die jungen Wurzeln würden keinen Halt finden und keine Nahrung. Zumindest wären sie behindert und könnten sich nicht so entfalten, wie es ihnen entspricht.

Bodengare ist etwas viel Komplizierteres und baut sich nur langsam auf. Dazu tragen die Bodenorganismen, wie Bodenbakterien, Pilze, Vielfüßler bis hin zum Regenwurm, bei. Sie fressen sowohl pflanzliche Abbauprodukte als auch im Boden liegende mineralische Substanzen, die sich – vor allem im Regenwurmdarm – vermischen und verkneten. Die entstandenen feinen Krümel sind die begehrten Ton-Humus-Komplexe aus allerlei Bodenbestandteilen, wie Tonkolloide, Humuskolloide und Silikate. Sie sind von einem Wasserfilm umgeben und durchzogen, in dem Kolonien von Bakterien schwimmen. Diese verkleben den Krümel mit ihren Schleimstoffen zu einer stabilen Einheit, in deren Poren auch Luft eingelagert ist.

Mit Gartengeräten zur Bearbeitung des Bodens unterstützt man die Arbeit der Bodenorganismen durch Zerkleinern, Einarbeiten von organischen und mineralischen Stoffen und Tiefenlockerung.

Man sollte sich auf wenige wirkungsvolle Geräte beschränken. So braucht man zum Vorbereiten der Beete für die Pflanzung einen Sauzahn. Er lockert tief und ist schmal, so daß man ihn auch zwischen Pflanzenreihen, beispielsweise von Kopfsalat, durchziehen kann. Dabei kann man vor dem Durchziehen Kompost oder Dünger aufstreuen, die gleichzeitig mit dem Durchziehen des Sauzahns oberflächig in den Boden eingearbeitet werden.

Zur weiteren Bodenbearbeitung gibt es ein Universalgerät namens Gartenfit. Mit diesem kann man hacken, häufeln, krümeln, einebnen, lüften, lockern, Saatrillen ziehen, Erde andrücken und Unkraut stechen. Das Gerät besteht aus einer kleinen Scheibe mit verschiedenen Konturen und wird, mit einem Stiel versehen, bequem im Stehen gehandhabt.

Ein Pflanzer und eine Pflanzschaufel vervollständigen die kleine Gerätschaft für das Gewächshaus im Haus- und Schrebergarten.

Gartengeräte bestehen meist aus Stahl mit lackierter Oberfläche. Abgesehen davon, daß der Lack bald weg ist, das heißt im Boden landet und auf diese Weise vielleicht unerwünschte chemische Stoffe in den Boden geraten, hat auch der Stahl einen gewissen Abrieb.

Als man in Bulgarien bei der Umstellung vom Holzpflug auf den schnelleren Dampfpflug aus Stahl eine Austrocknung des Bodens feststellte, kam man darauf, daß das am Stahlabrieb liegen könnte. Genaue Untersuchungen ergaben, daß sich der Stahlstaub mit Sauerstoff verbindet und sich im Boden ein Rostschleier ausbreitet. Durch diese feine Verteilung von Rost verliert die Bodenfeuchtigkeit Spannung und Energie. Das Wasser im Boden verdunstet schneller und sinkt in größere Tiefen ab. Versuche mit Pflugscharen, die mit Kupferblech beschlagen waren, führten in Österreich zu Ertragssteigerungen von 40–60%.

Gartengeräte für Gewächshauskulturen

Einige Firmen bieten deshalb Gartengeräte aus Kupfer oder Kupferlegierungen an. Die verwendeten Metalle wirken mit ihrem Abrieb als Spurenelemente, die dem Boden Spannung verleihen. Dadurch wird das Pflanzenwachstum gefördert.

Kupfergeräte haben nicht die Festigkeit von Stahlgeräten. Die Legierung mit Beryllium ist dagegen stahlhart. Wenn die Kupfergeräte nicht benutzt werden, stößt man sie in den Boden und bedeckt sie mit Erde. Mit Gartengeräten aus Stahl darf man das auf keinen Fall machen. Sie müssen nach der Benutzung gut gesäubert, getrocknet und in einem trockenen Raum aufgehängt werden.

In jedem Gewächshaus sollte ein kleiner Eimer stehen, in den alle Pflanzenabfälle geworfen werden.

Für größere Gewächshäuser können auch Grabegabel und Spaten in Betracht kommen.

Mit einer Grabegabel läßt sich der Boden tief lockern, wenn man die obersten 15 cm abträgt, dann grabegabeltief lockert, indem man die Gabel einsticht, vor- und zurückbewegt, aus dem Boden zieht und daneben wieder einsticht. Zuletzt trägt man die abgetragene oberste Bodenschicht wieder auf. Man kann sie vorher in der Schubkarre mit Kompost mischen.

Mutterboden oder Kompost werden mit einer Schubkarre herangefahren. Schubkarren sollten nach Möglichkeit feuerfest verzinkt sein.

Für die Anzucht in Saatschalen braucht man fein gesiebte Erde. Dafür gibt es runde Siebe (Ø 35 cm) mit einer kleineren Maschenweite, als sie das große Kompostsieb hat.

Für das Gewächshaus ist eine kleinere Gießkanne mit langem Rohr sehr wichtig, weil man so auf breiten Tischen und Regalen hintenstehende Pflanzen erreichen kann.

Geräte für das Gewächshaus: a) Spaten, b) Grabegabel, c) Pflanzschaufel, d) Pflanzer, e) Gießkanne, f) Gartenfit, g) Zerstäuber, h) Gießkanne mit langem Rohr, i) Schubkarre, j) Sauzahn, k) Sieb.

Gewächshaus und Gesundheit

Es wurden nun alle Materialien, die von Gewächshausherstellern angeboten werden, eingehend besprochen. Wer auf seine Gesundheit und die seiner Kinder achtet, hat noch einiges mehr zu bedenken.

Wer gesundheitsbewußt handelt, ist sich darüber im klaren, daß bei den heutigen tragischen Umweltverhältnissen immer noch viel zu viel gesundheitliche Belastung von uns verkraftet werden muß. Da ist es sinnvoll, wenn man Schäden meidet, die man selbst zu verantworten hat.

Wie man Nitratanreicherung weitgehend verhindert

Die Anreicherung von Nitrat in Gewächshauspflanzen ist in der Einführung schon ausführlich behandelt worden. Hier kommt es darauf an, alles zu vermeiden, was den Nitratgehalt in den Pflanzen erhöht. Dabei spielt die Transparenz der Gewächshausabdeckung eine große Rolle. Mehr als 92% Lichtdurchlässigkeit sind heute nicht erreichbar, wobei den Prozentzahlen der senkrechte Sonnenstrahleneinfall zugrundeliegt, der aber nicht immer zutrifft.

Eine weitere Senkung des Nitratgehalts wird durch die Anwendung der Hornmist- und Hornkieselpräparate bewirkt. Während das Hornmistpräparat Nr. 500 die Wurzelprozesse verstärkt, wirkt das Hornkieselpräparat Nr. 501 günstig auf die Blatt- und Blütenprozesse und fördert die Reifung der Früchte. Die Licht- und Wärmeprozesse werden verstärkt.

Während das Hornmistpräparat am Nachmittag oder Abend in dicken Tropfen auf den Boden oder die Erde von Anzuchtkästen gespritzt und die Spritzung nach 3–4 Tagen wiederholt wird, versprüht man das Hornkieselpräparat als feinen Nebel am Vormittag bei klarem Wetter auf die Blätter und sogar auf die Blüten, wenn es sich um Tomaten oder Erdbeeren handelt. Die Spritzung mit dem Hornmistpräparat muß aber immer vorausgegangen sein. Weitere Einzelheiten über diese beiden Präparate sind in dem 1. Buch dieser Serie, »So wird mein Garten zum Biogarten«, zu finden.

Eine ebenfalls lichtverstärkende Wirkung hat Schachtelhalm. Er kann als Tee, Brühe oder Jauche zubereitet werden.

Für den Tee nimmt man 5 Teelöffel voll Schachtelhalmschnitt und kocht ihn mit 1 l Wasser ganz kurz auf. Nach dem Ziehenlassen (3 Minuten) wird der Tee durchgeseiht und mit 3 l Biosmonwasser verdünnt. 5 Minuten in wechselnder Richtung rühren, das verstärkt die Wirkung.

Die Schachtelhalmbrühe entsteht, wenn man 500 g Schachtelhalmschnitt für 24 Stunden in 5 l Biosmonwasser einweicht. Anschließend kocht man das Ganze ½ Stunde bei mäßiger Hitze. Nach dem Durchsieben der Brühe vermischt man unter Rühren wie beim Tee mit 3 l Wasser.

Die Schachtelhalmjauche entsteht, wenn man 500 g Schachtelhalmschnitt in 5 l Biosmonwasser einweicht. Hierfür eignen sich Holz-, Steingut- oder Polyäthylengefäße. Der Ansatz – mit einem Holzrost oder einem Drahtgitter bedeckt – wird warm gestellt und täglich umgerührt. Wenn der Ansatz beim Rühren nicht mehr aufschäumt, wird 5fach verdünnt und ausgesprüht.

Gespritzt werden alle 3 Zubereitungen morgens. Dann ist die Wirkung auf oberirdische Pflanzenteile am größten.

Eine weitere Verstärkung der Lichtprozesse bietet das Spezialglas Sanalux, das

eine extrem hohe Durchlässigkeit (90%) für ultraviolette Strahlen aufweist.
Auch bei künstlichem Licht gibt es eine gesundheitsfördernde Lösung, das biologische Tageslicht True Lite, Leuchtstoffröhren, die dem natürlichen Licht in seiner spektralen Verteilung im sichtbaren und unsichtbaren Bereich am nächsten kommen.

Asbest

Vor der Verwendung von asbesthaltigen Baustoffen muß gewarnt werden. Der Abrieb, führt zu Lungenerkrankungen.
Während die Umweltschutzbehörde in den USA ein Totalverbot asbesthaltiger Baustoffe anstrebt, will die Asbestzementindustrie in der Bundesrepublik Deutschland sich bemühen, bis zum Jahre 1990 alle Hochbauprodukte asbestfrei herzustellen. Eternitprodukte sind bereits asbestfrei.

Spanplatten

Ein Problem sind auch Spanplatten. E-1-Spanplatten sind größtenteils mit Phenol- oder Isozyanatharzleim gebunden, E-2- und E-3-Spanplatten dagegen mit Harnstoff-Formaldehyd-Harz.
Formaldehydgas wird aber nicht nur von den beiden zuletzt genannten, sondern in geringen Mengen auch von der E-1-Spanplatte abgegeben. Das Gas führt zu Entzündungen der Haut, der Augen und der Schleimhäute der Atmungsorgane, außerdem zu Müdigkeit, Schlafstörungen, Leistungsminderung, Kopfschmerzen, Allergien, Asthma, Bronchitis und Erbgutschäden. Es kann jahrelang aus den Platten entweichen. Es gibt neuerdings Spanplatten mit ungiftigen Klebstoffen.

PVC

Bei Kunststoffen ist darauf zu achten, daß sie nicht aus dem gesundheitsschädlichen PVC, sondern aus Polyäthylen sind.
Bei der Fabrikation von PVC verläuft die Reaktion nicht vollständig, so daß das fertige Produkt bei normaler Raumtemperatur das gasförmige VC langsam an die Luft abgibt. Kommt PVC mit Wasser oder wasser- und fetthaltigen Substanzen in Berührung, entweicht ebenfalls Vinylchlorid.
An Wirkungen bei kurzzeitigen Vergiftungen wurden festgestellt: Kopfschmerzen, Schwindel, Gedächtnisschwund, Erbrechen, Schwäche, Atemschwierigkeiten, Augenreizung, Narkotisierung.
Die Langzeitwirkung führt zu Krebs, Haut- und Knochenveränderungen und Leberschäden. Auch Erbgutveränderungen sind festgestellt worden. Für VC ist keine Konzentration bekannt, unterhalb der es nicht krebserregend und erbgutändernd ist.
Kunststoffgefäße, die man schon länger in Gebrauch hat, kann man auf ihre Unbedenklichkeit prüfen. Dazu stülpt man das zu prüfende Gefäß über einen Grasbüschel oder eine Kräuterpflanze, wie Löwenzahn oder Brennessel. Der Kunststoff muß die Pflanze berühren. Wo das Gefäß den Boden berührt, legt man einen Stein oder ein Stück Holz unter, damit der Luftaustausch nicht behindert ist. Falls die berührte Pflanze nach 3 Tagen Versuchszeitraum immer noch nicht gelb geworden ist, enthält das Gefäß kein Vinylchlorid.

Wärme- und Holzschutz

Auch Dämmplatten als Wärmeschutz sind nicht immer der Gesundheit dienlich. Zu empfehlen sind Heraklithplatten aus magnesitgebundener Holzwolle.
Problematisch ist auch der Holzschutz gegen Schädlinge und Feuchtigkeit. Es gibt gute biologische Holzschutzmittel zum Streichen. Die druckimprägnierten Hölzer werden zwar von den Vertreibern als ungiftig vermarktet, sind es aber nicht.
Die bei der Druckimprägnierung verwendeten giftigen Substanzen entweichen bei der anschließenden Lagerung schnell, aber im Holzkern bleibt Gift enthalten, das jahrelang langsam entweicht.

Bausätze zum Selbermachen und Eigenkonstruktionen

Die von Firmen angebotenen Bausätze mit Fertigteilen für Gewächshäuser kann man bei etwas Geschicklichkeit selbst aufbauen. Oft bekommt man einen Schraubenschlüssel oder andere Hilfen mitgeliefert. Wie gut die Bauanleitung ist, merkt man leider immer erst, wenn man bei der Arbeit ist. Die meisten sind jedoch verständlich geschrieben.

Die angegebenen Aufbaustunden sind oft etwas optimistisch berechnet. Das ist verständlich, wenn man bedenkt, daß Aufbauversuche bei Herstellern selten von Laien, fast immer dagegen von Spezialisten für das betreffende Gewächshaus gemacht werden. Diese kennen die Materie sehr genau und brauchen kaum auf die Gebrauchsanleitung zu schauen.

Deshalb ist es von Vorteil, die Aufbauanleitung zuerst sehr genau zu studieren und sich dabei auch die einzelnen Bauteile gründlich anzusehen.

Oft wird die Sache komplizierter dargestellt, als es in Wirklichkeit ist. Manch einer kommt besser zurecht, wenn er sich daher zur Aufbauanleitung Stichworte macht. Auch kleine Skizzen können hilfreich sein. Und dann sollte man seine erworbenen Kenntnisse erst einmal überschlafen.

Am nächsten Tag sind einem die Vorgänge schon geläufiger, die zuletzt ein Gewächshaus ergeben.

Ohne Partner sollte man nicht anfangen.

Die Teile der Konstruktion müssen gehalten werden. Dazu braucht man helfende Hände. Dann hat man die eigenen Hände frei zum Verschrauben von Profilen.

Die Konstruktion soll einwandfrei stehen und darf in sich nicht verkantet sein oder wackeln. Auf gar keinen Fall sollte man sich der Hoffnung hingeben, Glas oder Folie würden zur Stabilisierung beitragen. Bei Verspannungen kann Glas platzen. Das hilft nur der Glasindustrie. Folie reißt zwar nicht so leicht, durch ihre Elastizität wackelt sie aber mit der Konstruktion mit.

Großen Wert sollte man auf fugenlose Abdichtung aller aneinandergrenzenden Teile legen. Dabei achte man besonders auf die Verbindung von Sockel und Gewächshaus und einwandfreies Schließen der Fenster und Türen.

Sind bei Türen und Fenstern Ritzen nicht zu beheben, muß man für den Winter alle Zwischenräume mit selbstklebenden Schaumstoffstreifen abdichten. Sie sind jedes Jahr zu erneuern, da der Klebstoff in seiner Wirkung nachläßt und der Schaumstoff spröde wird.

Wenn man alles gut vorbereitet hat, vielleicht auch ein erforderliches Fundament, dann macht der Aufbau eines Gewächshauses Spaß. Auf jeden Fall ist das Ganze als Freizeitspaß zu betrachten. Bitte keine Verbissenheit! Das Haus muß nicht an einem Tag, nicht einmal an einem Wochenende fertig werden. Selbst wenn es hineinregnet, ist das gar nicht schlimm. Ein Gewächshaus ist ja kein Wohnhaus, das bei Bezug ausgetrocknet sein muß.

Und wenn man doch sein Können überschätzt hat oder die Aufbauanleitung unverständlich ist, dann kann man jemand von der Herstellerfirma bestellen, der das Gewächshaus fertigstellt. Viele Gewächshaushersteller bieten diesen Service an.

Bei einem <u>selbstgebauten</u> Gewächshaus kann man viele Wünsche berücksichtigen, die man im Handel nicht zusammen erfüllt bekommt. Vor allem die passive Nutzung der Sonnenenergie kann optimal erreicht werden.

Bei der Planung – vor allem dann, wenn man gewöhnlich nichts mit Bauen und Basteln zu tun hat – sollte man sich zuerst einmal in einschlägigen Geschäften umsehen und Firmen anschreiben, deren Material man für geeignet hält.

In einer Holzhandlung, im Eisenwarenladen und beim Glaser wird man auf allerhand Ideen gebracht, für die man sonst unter Umständen erst viel Lehrgeld bezahlen muß.

Wer sein Gewächshaus baubiologisch einwandfrei bauen will, lasse sich von Architekten, Ingenieuren und Handwerkern aus dem Bekanntenkreis nicht gleich den Wind aus den Segeln nehmen. Diese Menschen haben verständlicherweise in ihrem ausgeübten Beruf wenig Zeit, sich um Neuerungen zu kümmern. Solange sie von ihren Kunden nicht gezwungen werden, sich mit dieser Materie zu beschäftigen, werden es nur wenige aus eigenem Antrieb tun.

Zur Anregung der eigenen Vorstellungen gibt es heute schon einige gute Zeitschriften, die als Orientierung nützlich sind. Firmen, die sich mit baubiologischen Stoffen beschäftigen, sind meist gern zur Beratung bereit.

Am einfachsten läßt sich eine Holzkonstruktion mit Folienabdeckung herstellen, zumal, wenn man die vorgefertigten Steckverbindungen verwendet. Die auf Seite 79 folgende Konstruktion mit Stegdoppelplatten und Glas ist etwas schwieriger, da sie ohne Steckverbindungen gebaut wird.

Holzschutz

Das zugeschnittene Holz wird vor der Weiterverarbeitung gründlich mit biologisch einwandfreien Holzschutzmitteln behandelt.

Mit einer Boraximprägnierung gegen Schädlingsbefall wird vorbehandelt. Auch eine anschließende Pechimprägnierung ist nützlich. Im Außenbereich streicht man mit einer Imprägnierung oder mit Grundieröl. Eine Flammschutzimprägnierung ist sinnvoll. Anschließend wird für den Außenbereich ein Kräuterfirnis, ein Naturharz-Öllack oder ein biologischer Leinölfirnis verwendet.

Streichen mit dem Pinsel ist wegen der besseren Tiefenwirkung geeigneter als Spritzen. Das Holz muß vor der Behandlung trocken sein. Die Hersteller biologisch einwandfreier Holzschutzmittel liefern Gebrauchsanleitungen und beraten auch.

Das Holzfundament

Es ist verhältnismäßig einfach herzustellen, wenn man 4 dicke Holzbalken als Eckpfosten und je nach der Größe des Gewächshauses an den Längsseiten einen oder mehrere Stützen von wenigstens 120 cm Länge in den Boden einläßt. Auch der Türrahmen in der Ostwand erfordert 2 Pfosten und Ost- und Westwand je 1 Firstpfosten. Der untere Teil, etwa 50 cm hoch, sollte in Beton eingesetzt werden.

Mit einer Wasserwaage und einer Latte, die man auf die Pfosten legt, lassen sich Bodenniveauunterschiede messen, die man durch tieferes Einschlagen der Pfosten ausgleichen kann, bevor der Beton abbindet. Die Pfosten können als zusätzlicher Schutz

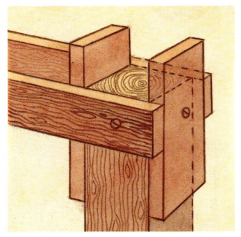

Gründungspfosten mit Sockelbrettern und Seitenbrettern für Pfosten.

gegen Nässe mit Baufolie aus Polyäthylen umwickelt werden.

Außen zieht man einen Graben von etwa 25 cm Breite, den man mit Baufolie auskleidet und mit Isofloc, der im Recyclingverfahren gewonnenen Wärmedämmwolle aus Zellulose, füllt. Von oben wird überlappend mit Bitumenpappe abgedeckt.

Die Gründungspfosten ragen etwa 20 cm aus dem Boden heraus. Außen und innen werden ihnen 25 cm breite Bretter vorgeschraubt. Zwischen den beiden Brettern werden nochmals kurze Bretter von beiden Seiten an die Pfosten geschraubt, damit die senkrechten Stützen des Gewächshauses festsitzen. Man verwendet innen und außen am Bau nichtrostende Schrauben, da Gewächshäuser auch innen eine beträchtliche Luftfeuchtigkeit haben können.

Die Sockelbretter kann man als Wärmedämmung zusätzlich mit Isofloc füllen.

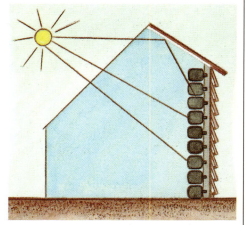

Lichtbrechung.

Gewächshauskonstruktion

Auf diesem Fundament kann nun die Gewächshauskonstruktion aufgebaut werden. Sie soll mit ihrer transparenten Längsseite genau nach Süden ausgerichtet sein. Diese südliche transparente Stehwand soll nur so hoch sein, daß ein Arbeitstisch und Stelltische sowie niedrige Topfpflanzen Platz haben. Rechnet man 85 cm Tischhöhe und 40 cm für die Topfpflanzen, ergibt sich eine Höhe von 125 cm. Die Tischbreite abgerechnet, ist man dann schon bei einer begehbaren Höhe.

Die hintere Wand soll begehbar und deshalb 220 cm hoch sein. Die transparente Dachfläche nach Süden hat einen inneren Neigungswinkel von 50°, während das gedeckte Norddach einen solchen von 40° aufweist. So kann bei hellem Anstrich der Innenfläche des Norddachs und schwarzen gestapelten Wasserbehältern an der Nordwand ein doppelter Wärmeeffekt erzielt werden. Das Licht bricht sich teilweise an der hellen Innenseite des Dachs und fällt auf die wärmespeichernde nördliche Stehwand. Das Süddach ist bis auf den Boden heruntergezogen und unterhalb der Stehwand – wie diese selbst – einfach verglast. Dadurch entsteht ein zusätzlicher Wärmespeicherraum, der mit schwarzen Wasserschläuchen ausgelegt werden kann.

Die Westseite ist geschlossen, die Doppelwand aus Holz mit Isofloc gut isoliert. Dagegen sind die Ostseite und das Süddach doppelverglast.

Die Seitenwände können am Boden vorgefertigt werden, soweit es die Konstruktion betrifft. Dabei werden die Eckpfosten (12 × 12 cm) und die Stützen (6 × 12 cm) durch eine obere und eine untere Querlatte (6 × 12 cm) verbunden. Die Nordseitenwand bekommt eine mittlere Querlatte.

Diese Seitenwände setzt man dann auf die Fundamentpfosten zwischen die kurzen Brettstücke und verbindet Fundamentpfosten, senkrechte Pfosten und Stützen mit Bandeisen oder Schrauben.

Die beiden Seitenwände werden mit Brettern provisorisch abgestützt, damit man die Firstpfosten auf der Ost- und Westseite setzen kann, die mit dem First (2 Latten 6 × 12 cm) und den äußeren Dachsparren (6 × 12 cm) verbunden werden.

Zur Unterstützung der Statik werden waagerecht Latten (6 × 12 cm) mit den

Eckpfosten und Stützen der Schmalseiten verbunden, auf der Ostseite einmal in lichter Türhöhe als Türrahmenabschluß.

Verschalung

An der Nord- und Westseite werden senkrechte Latten (4 × 6 cm) von außen auf die Querlatten der tragenden Pfosten und Stützen genagelt und ebenfalls mit Brettern verschalt. Die durch die 6 cm dicken Querlatten bedingten Zwischenräume zwischen tragenden Pfosten oder Stützen und senkrechten Latten ergeben die Hinterlüftung, wenn von innen auch verschalt ist.

Die Außenverschalung kann aus ungehobelten, aber auch gehobelten Sparren bestehen. Die unteren 40–50 cm können mit Bitumenpappe benagelt, bei gehobelten Sparren aber auch mit einem wasserfesten Anstrich (nach der Boraximprägnierung) wie Naturharz-Öllack gegen Spritzwasser behandelt werden.

Das Dachdecken

Die Dachsparren (6 × 12 cm) werden auf der Nordseite und bis 30 cm unterhalb des Firsts auf der Südseite mit Dachlatten (4 × 6 cm) als Hinterlüftung versehen und mit Spundbrettern und Bitumenpappe belegt.

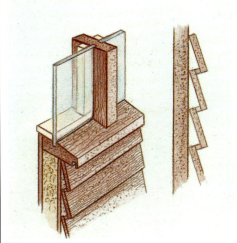

Holzverschalung.

Transparente Abdeckung

Die zu verglasende Süd- und Ostseite erhalten ebenfalls horizontale Dachlatten (Pfetten) (4 × 6 cm), auf die Stegdoppelplattenbahnen mit vertikalem Verlauf der Stege montiert werden. Bei einem Sparrenabstand von 1 m braucht man sich um die Belastbarkeit bei Wind und Schneelast keine Sorgen zu machen.

Stegdoppelplatten aus Acrylglas (Plexiglas) oder Polycarbonat (Lexan, Makrolon) sind am leichtesten zu verlegen, denn sie lassen sich biegen, bohren, fräsen, sägen und mit Acryfix kleben.

Bei Stegdoppelplatten gibt es immer wieder Neuheiten. So sind Stegdoppelplatten aus Plexiglas neu entwickelt worden, die in einer Breite von 1 m pfettenlos verlegt werden können. Sie haben einen Stegabstand von 32 mm, was Durchsicht und Wärmeisolierung entscheidend verbessert. Neu sind auch Steckprofilplatten aus Plexiglas. Bei dieser Variante der Stegdoppelplatten werden 533 mm breite Platten ineinandergehakt. Die Nahtstellen sind stabil. Man spart Latten. Bei Stehwänden kann man auf alle Latten verzichten, die nicht der Unterstützung der Konstruktion dienen.

Solche Neuentwicklungen wie UV-durchlässige Stegdoppel- und Stegdreifachplatten können wertvolle Verbesserungen darstellen.

Zu beachten ist nur, daß die Stege vertikal verlaufen, damit Schwitzwasser abfließen kann, und daß die untere Kante nicht restlos abgedichtet sein darf. Auch Längenänderungen, die sich durch die Temperaturschwankungen ergeben, müssen berücksichtigt werden. Die Befestigung muß Spielraum lassen.

Auf den Latten werden die Stegdoppelplattenbahnen mit zwischengelegten Dichtestreifen verlegt und mit einer übergelegten Latte verschraubt.

Die obere Reihe sollte aus Fenstern bestehen. Am besten kauft man diese fertig bei einem Gewächshaushersteller.

Fenster dürfen nirgends Wasser durchlaufen lassen. Deshalb müssen Blend- und Flü-

gelrahmen entsprechend konstruiert sein. Ein Wasserschenkel am unteren Flügelrahmen sorgt für den Ablauf des Wassers. Die Tropfrinne verhindert das Hineindrücken des ablaufenden Wassers durch Wind.
In Bodennähe der Ostseite sollte ein Lamellenfenster angebracht werden, damit die Zufuhr von Frischluft geregelt ist. Wenigstens das Lamellenfenster und ein Dachfenster werden mit automatischen Fensteröffnern ausgestattet.
Auch die Tür kann vorgefertigt bei einem Gewächshaushersteller gekauft werden. Macht man sie selbst, sind die gleichen Rahmenprofile zu arbeiten wie bei Fenstern, wenn die Tür luft- und wasserdicht sein soll.

Innenausbau

Nun ist noch der Innenausbau zu bewerkstelligen. Man kann auf die Eckpfosten und Stützen im Wandbereich Spanplatten aufschrauben, die mit biologisch einwandfreien Klebstoffen gebunden sind, oder Spundbretter aufnageln. Die Hohlräume zwischen Außen- und Innenwand und das Dach werden mit Isofloc ausgefüllt.
Nun ist das Gewächshaus fertig zum Einrichten. Es ist von den Wetterseiten her gut isoliert. Auch das Dach hält die Wärme lange. Die Stegdoppelplatten lassen bei verhältnismäßig gutem Lichteinfall wenig Wärme abstrahlen. Gute Lüftung ist automatisch gesichert.
Deckt man mit Glas, gar mit dem wachstumsfördernden Glas Sanalux, das UV-Strahlen zu 90 % durchläßt (normales Fensterglas und Gartenklarglas 70 %), Süd- und Ostseite ab, erreicht man gleichwertige Wärmedurchlaßzahlen (2,7) nur mit Doppelverglasung.
Zusätzlich kann man noch für Außenschattierung sorgen, wenn es ganz perfekt sein soll.
Will man keinen Ofen in sein selbstgefertigtes Gewächshaus setzen, sollte man wenigstens für eine elektrische Leitung und eine Steckdose sorgen – für alle Fälle.

Eigenkonstruktion.

M 1:25

Gewächshauskonstruktion

Hügel- und Hochbeet im Gewächshaus

Was im Freiland gut ist, kann auch im Gewächshaus das Pflanzenwachstum fördern. Wie schon erwähnt wurde, kann man Frühbeete anlegen, um im Kalthaus frostempfindliche Gewächse überwintern zu lassen. Einem Mistbeet steht natürlich auch nichts im Wege, schirmt es doch nicht nur gegen Kälte ab, sondern produziert auch Wärme beim Abbau organischer Substanzen durch Bodenorganismen. Man baut sich also mit einem Mistbeet eine kleine Heizung ins Gewächshaus, die keine Energiekosten verursacht.

Ähnlich ist es mit Hügel-, Hoch- und Bankbeeten.

Alle drei Arten bringen durch die Einarbeitung von organischen Substanzen und tiefe Bodenlockerung hohe Ernteerträge bei hochwertiger Qualität und verwerten umweltfreundlich sperrige, aber verrottbare Gartenabfälle, wie harte Stengel, beispielsweise von Sonnenblumen, und Äste.

Alle diese Methoden verwirklichen das, was Rudolf Steiner, der Begründer der Anthroposophie, im Jahre 1924 bei dem landwirtschaftlichen Kurs in Koberwitz mit folgenden Worten anregte:

»Wenn nämlich für irgendeinen Ort der Erde ein Niveau, das Obere der Erde, vom Inneren der Erde sich abgrenzt, so wird alles dasjenige, was sich über diesem normalen Niveau einer bestimmten Gegend erhebt, eine besondere Neigung zeigen zum Lebendigen, eine besondere Neigung zeigen, sich mit Ätherisch-Lebendigem zu durchdringen. Sie werden es daher leichter haben, gewöhnliche Erde, unorganische, mineralische Erde, fruchtbar zu durchdringen mit humusartiger Substanz oder überhaupt mit einer in Zersetzung begriffenen Abfallsubstanz, wenn Sie Erdhügel aufrichten und diese damit durchdringen. Dann wird das Erdige selber die Tendenz bekommen, innerlich lebendig, pflanzenverwandt zu werden.«

Diese Angabe ist eine aus einer solchen Fülle, daß sie lange Zeit nicht weiter verfolgt wurde, obwohl diese wenigen Sätze bereits alles über diese Verfahren sagen: Erhöhung über das allgemeine Niveau, Abgrenzung vom Inneren der Erde, Durchdringen des Erdhügels mit in Zersetzung begriffenen Abfallsubstanzen.

Erst nach dem 2. Weltkrieg kam Hermann Andrä unabhängig von Rudolf Steiner durch Beobachtungen und Versuche auf die Methode des Hügelbeets, wie er den mit Ästen und Gartenabfällen gefüllten Erdhügel nannte. Hans Beba fiel das von Hermann Andrä geschriebene Büchlein »Hügelkultur statt Flachkultur« später durch einen »glücklichen Zufall«, wie er selbst meint, in die Hände. Er hat die Methode weiter ausgearbeitet und viele Erfahrungen gesammelt.

Das Hügelbeet

Ein Hügelbeet wird am besten in Nord-Süd-Richtung angelegt, damit der Hügel die Sonnenbestrahlung voll nutzt und mittags eine Pflanze der anderen weitgehend Schatten spendet. Im stegdoppelplattengedeckten Gewächshaus braucht man die Himmelsrichtung nicht zu beachten, auch nicht, wenn man sicher ist, daß man ein klarglasgedecktes immer rechtzeitig schattiert.

Je nach Armlänge desjenigen, der das Beet bearbeitet, kann es eine Breite von 140–160 cm haben. Die Länge kann jeder selbst wählen, wobei zu berücksichtigen ist, daß zersetzbares Material, wie Äste, Laub und andere Gartenabfälle, verfügbar sein müssen, dazu Grob- und Reifkompost.

Man steckt die Größe der Hügelbasis ab und hebt den Boden innerhalb der vorgesehenen Fläche zwischen 10 und 30 cm tief aus. Ist der Boden mit Gras bewachsen, schichtet man die Rasensoden in unmittelbarer Nähe zum anschließenden Gebrauch auf und ebenso den Mutterboden.

An der Mittellinie entlang werden zuerst etwa 60 cm breit und 40–60 cm hoch Aststücke, Stengelstücke von Sonnenblumen und andere grobe Pflanzenteile aufgeschichtet. An den beiden Enden bleiben ungefähr 60–70 cm von diesen verholzten Stücken frei.

Über diesen ersten kleinen Hügel legt man die Rasensoden mit dem Grün nach unten und gleicht mit etwas Erde aus. Dann klopft man alles fest an.

Darüber wird eine 25 cm dicke Schicht feuchtes Laub gestreut, der eine 15 cm starke Umhüllung aus Grob- oder Mulchkompost mit vielen Regenwürmern folgt, die wieder gut angedrückt wird. Die äußere Abdeckung besteht aus gesiebtem Reifkompost, den man mit Muttererde mischt und ebenfalls 25 cm dick aufträgt und festklopft.

Das Hügelbeet ist nun fertig zum Bepflanzen. Legt man solch ein Hügelbeet im Herbst an, hat man einige Vorteile: Es gibt genügend Äste, verholzte Stengel und Laub, man kann Gründüngung einsäen, die eine harmonisierende Vorfrucht für alle Gemüsepflanzen bedeutet, und der Hügel kann sich setzen.

Es ist vorteilhaft, in alle Schichten des Hügelbeets Bentonit oder Alginure zur Bildung von beständigen Ton-Humus-Komplexen einzuarbeiten. Auch Algomin, Meeresalgen und ein Dünger wie Ecovital, kalifornischer Trockenrinderdung, Stallatico und Luzian-Steinmehl können dünn dazwischengestreut werden, um die Bodenlebewesen anzulocken und zu füttern.

Vom Mistbeet wissen wir das bereits: Es ist gewissermaßen eine Langzeitbodenheizung in das Beet eingebaut worden. Das Innere des Hügelbeets verrottet stufenweise, der Mulchkompost am schnellsten, auch die Sodenstücke zerfallen bald zu Humus, das Laub braucht 2–3 Jahre und am längsten die verholzten Stengel und Äste.

Bei der Rotte entsteht genügend Wärme, um im zeitigen Frühjahr mit der Gemüseaussaat und -bepflanzung zu beginnen. Empfindliche Pflanzen können wie auf dem Flachbeet durch Abdeckfolie geschützt

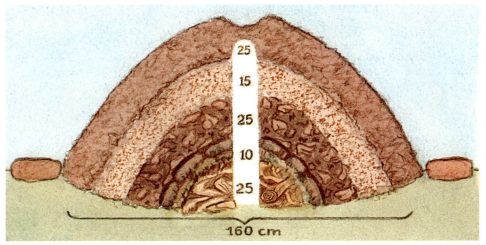

Hügelbeetaufbau.

werden. Auch im Spätherbst werden die ersten Frosteinbrüche gut überstanden.
Hügelbeete kann man mit allen möglichen Gartenabfällen aufbauen. Wenn beispielsweise viel Rasenschnitt zur Verfügung steht und auf Neubaugelände noch kein Kompost, so nimmt man nach der Schicht mit Zweigen, denen auch Papier und Pappstücke beigemengt werden können, Rasenschnitt und streut Erde, vermischt mit Algomin, Gesteins- und Meeresalgenmehl, dazwischen. Oben deckt man mit einer Schicht Muttererde ab.

Für die Bepflanzung setzt man am besten Mischkultur ein, wobei die Fruchtfolge beschleunigt ist. Die Reihen und die Pflanzenabstände innerhalb der Reihen wählt man eher etwas weiter auseinander als üblich, weil die Pflanzen größer werden. Die großen Pflanzen, beispielsweise Tomaten, setzt man oben auf das Hügelbeet. Für Erdbeeren wählt man ein eigenes Beet oder ein Teilstück, damit die Ausläufer gepflanzt werden können. Nach Beba hat es sich bewährt, für die Erdbeerkultur ein Hügelbeet zu nehmen, das schon 4 Jahre mit Gemüse bepflanzt war.

Hans Beba hat auch eine gute und einfache Bewässerungsmethode erprobt. Es wird oft bedauert, daß Hügelbeete so leicht austrocknen und sie deshalb ständiger Kontrolle und größerer Wassermengen bedürfen als Flachbeete. Selbstverständlich werden zum besseren Halten der Feuchtigkeit auch Hügelbeete gemulcht, bis der Pflanzenbestand so dicht ist, daß die natürliche Schattengare eintritt, bei der die Beschattung des Bodens durch die Pflanzen für längeres Feuchtbleiben des Bodens und rege Tätigkeit der verschiedenen Bodenorganismen sorgt.

Hans Beba füllte leere Dreiviertelliterflaschen und größere mit Wasser und stülpte diese mit einem Abstand von 60–80 cm mit der Flaschenhalsöffnung nach unten in den Boden, und zwar nur so tief, daß die Flaschen nicht umfielen. Tomatenstauden wurden von einigen Flaschen umstellt. Die Pflanzen holen sich dann die Feuchtigkeit, die sie für ihr Wachstum brauchen. Bei Trockenheit sind die Flaschen alle 2–3 Tage zu füllen. Diese Art der Bewässerung läßt sich nur auf Hügelbeeten einrichten. Wahrscheinlich ist der Boden bei Flachbeeten nicht locker genug.

Die Pflanzen gedeihen auf Hügelbeeten prächtig. Sie wachsen schneller, werden üppiger, sind früher eßreif als auf Flachbeeten und von ausgezeichnetem Wohlgeschmack.

Hügelbeete bringen größere Ernten, weil die Erdoberfläche durch die Wölbung über der Basis etwa um $1/2$ größer ist als die Basis und die einzelnen Pflanzen mehr Gewicht haben, die Früchte zahlreicher und größer sind. Neben der Verlebendigung des Bodens durch Niveauerhöhung, Wärme von unten, Abtrennung von der Erde und die zersetzbaren Pflanzenreste spielt sicher auch der günstigere Einfallswinkel der Sonnenstrahlen eine wichtige Rolle.

Hügelbeete werden 6 Jahre bepflanzt. Jeden Herbst wird eine 2–3 cm dicke Schicht Reifkompost aufgestreut, die aber ebensogut auch im Frühjahr aufgebracht werden kann. Im Herbst erfolgt als gute Vorbereitung für das nächste Jahr eine Gründüngung. Falls sie nicht mehr wachsen kann, mulcht man das ganze Beet. Im Frühjahr ist alles verrottet. Die Erde wird an der Oberfläche einmal durchgehackt. Dann kann die neue Aussaat oder Bepflanzung beginnen. Nach 6 Jahren ist eine dicke Schicht Humus entstanden, die beste Voraussetzung für ein neues Hügelbeet.

Ein Hügelbeet ist eine beliebte Wohnung für Wühlmäuse, aber zu solchen Mietern muß es nicht kommen. Knoblauch am untersten Rand von Hügelbeeten pflanzen, auch Zwiebeln oder hier und da eine Staude der giftigen Springwolfsmilch; solche Pflanzen werden von Wühlmäusen gemieden.

Die schon seit Jahrhunderten geübte Hügelkultur der Chinesen, deren Hügel viel flacher sind, und auch das Anhäufeln und Bepflanzen von kleinen Hügeln in unseren Breiten, beispielsweise bei Gurken, machen sich nur einige der Vorteile eines Hügelbeets zunutze, nämlich die Niveauerhöhung ohne Abtrennung von der Erde, die Oberflächenvergrößerung und in geringem Maße die Sonnenenergie durch den etwas steileren Einfallswinkel. Außerdem läßt sich der Einfallswinkel der Sonnenstrahlen in unseren Breiten nicht mit denen in China vergleichen, denn die Chinesen haben vielfach Terrassenkultur in der Landwirtschaft, und ihr Land liegt etwa zwischen dem 20. und 55. Breitengrad. Der 55. Breitengrad ist also hoher Norden in China, während die Bundesrepublik Deutschland sich ungefähr zwischen dem 47. und 55. Breitengrad erstreckt.

Das Hochbeet oder Bankbeet

Eine Abwandlung des Hügelbeets ist das Hochbeet. In einem 120 cm breiten und beetlangen Rahmen aus Rundhölzern oder Mauerwerk wird zuerst der Mutterboden ausgehoben. Der Unterboden wird gelockert und mit einem Mischdünger wie Orgamin oder Ecovital vermengt. In die Grube kommen Reisig, Papier und Erde. Dann wird mit einer Schicht Laub aufgefüllt. Es folgen Mulchkompost, darauf Mutterboden, anschließend reifer Kompost und obendrauf nochmals 10 cm Mutterboden.

Überall kann ein Mischdünger eingearbeitet werden, zumindest aber etwas Algomin. Vorteilhaft ist es auch, eine Gabe Alginure Granulat in jede Schicht zu mischen. Der obenliegende Mutterboden bleibt ungedüngt, damit der darunterliegende reife Kompost die Wurzeln in die Tiefe lockt.

Das Hochbeet hat Ost-West-Lage, wobei die Nordwand mit 75 cm Höhe etwa 15 cm höher ist als die Südwand. Dadurch erhält die Beetoberfläche eine nach Süden geneigte Schräglage. Auf den Oberboden legt man schwarze Schlitzfolie, die das Beet auch von oben warm hält, Gießwasser in den Boden läßt, aber die Verdunstung der Bodenfeuchtigkeit verhindert. Unkraut gibt es auf diese Weise kaum. Vor dem Auflegen sät man aus oder man pflanzt in Mulchfolie. Die Ernten sind so groß wie auf einem Hügelbeet.

Im Herbst wird die schwarze Folie abgenommen und eine Schicht Kompost auf dem Hochbeet verteilt. Mit einer Grabegabel oder einem Sauzahn wird die Erde gelockert und dann gemulcht oder Gründüngung eingesät.

Solche Hochbeete sind nicht nur für ältere Menschen sehr bequem. Viel Freude können Behinderte mit Hochbeeten erleben. Mit dem Rollstuhl kann man dicht an das Hochbeet heranfahren und in bequemer Höhe säen, pflanzen und ernten, aber auch Pflanzen in ihrem Wachstum beobachten. Im Gewächshaus müssen die Wege und die Tür breit genug für den Rollstuhl sein.

Hügel- und Hochbeete haben für die Fruchtbarkeit der Erde und die zunehmende Erdbevölkerung eine von vielen noch nicht erkannte Bedeutung, ist ihre Anlage doch mit wenig oder gar keinen Kosten verbunden. Es werden Abfälle verwertet und was entsteht, ist fruchtbare Erde.

Für die Gesundheit der Pflanzen auf Hügel- und Hochbeeten ist der naturgemäße Anbau verantwortlich. Der chemikalienfreie Boden ist voller Fangpilze, die Nematoden in Schach halten. Der tiefgelockerte Boden mit dem durchlässigen Unterbau ist gut durchlüftet und verhindert Staunässe. Ständig entstehen neue Huminstoffe.

Hochbeete lassen sich auch mit Azet-Tomatenringen, runden Drahtgittern von 230 cm Durchmesser, und eckigen Drahtkompostgestellen anlegen. Diese Gitter bieten zusätzliche Bepflanzmöglichkeiten an den Seitenwänden.

Hochbeete haben auch den Vorteil, daß man unten ein Gitter aus feuerverzinktem Draht gegen Wühlmäuse einlegen kann. Man muß es gut mit der Hochbeetwand verbinden, dann haben Wühlmäuse keine Chance.

Legt man ein tiefes Fundament für das Gewächshaus an, wird den Wühlmäusen der Zutritt ohnehin erschwert.

Gewächshaus ohne Gartenboden auf Terrasse und Dach

Manch einer hat in seinem Garten keinen geeigneten Platz für ein Gewächshaus, oder der Garten ist so klein, daß neben der Terrasse nur wenige Quadratmeter Gartenboden zur Verfügung stehen. Das ist heute vor allem bei Reihenhäusern üblich. Oft ist die Terrasse auch noch unterkellert oder bildet die Decke der Garage. Dann bleibt nichts anderes übrig, als ein Anlehngewächshaus auf die Terrasse zu stellen, das nicht auf Gartenboden steht.

Nachdem Hochbeete, jetzt auch öfter Bankbeete genannt, besprochen worden sind, fällt es nicht mehr schwer, sich vorzustellen, daß Pflanzen auf solchen Hochbeeten auch gut ohne den unmittelbaren Kontakt mit Mutter Erde auskommen können.

Große und kleine Pflanzgefäße kann man kaufen. Sie sollten im Boden einen Überlauf oder mehrere – je nach der Größe des Gefäßes – haben. Wenn die Gefäße keine Füße haben, legt man Brettstückchen oder etwas Ähnliches in der Stärke von einigen Millimetern unter. Wasserabfluß und Luftzufuhr sind dadurch gewährleistet.

Hält man dieses Grundprinzip ein, kann man alles mögliche bepflanzen: Holzkisten, Styroporverpackungen, ja sogar Säcke mit Rindenhumus, die man oben einfach aufschneidet. Von der Unterseite stößt man vorher mit einem Messer einige Löcher hinein. Dann legt man sie auf zwei längs und mehrere quer darüber genagelte Latten, schneidet sie oben auf – und das Pflanzbeet ist fertig.

Die Pflanzen wachsen besser, wenn man dem Sack etwas Humus entnimmt und dafür die entsprechende Menge Sand, Ton- und Mineralmehl untermischt, denn der normale Gartenboden sollte, so gut es geht, nachgeahmt werden.

So kann man sich auch ganze Hochbeete bauen. Unten schüttet man Blähton oder Grobkies hinein. Dann wird ein richtiges Hochbeet aufgebaut mit je einer Schicht Reisig, Laub, Mulchkompost, Mutterboden, reifem Kompost und als oberer Abschluß nochmals Mutterboden. Dadurch kann

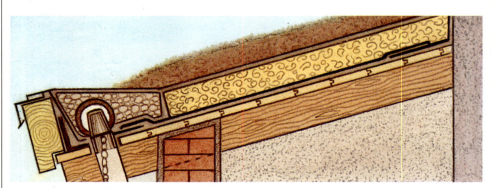

Dachvorbereitung für Begrünung und Gewächshaus.

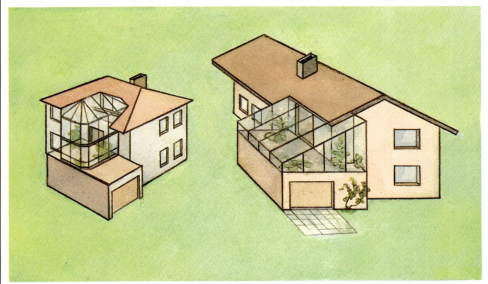

Flachdächer sind ideale Fundamente für Gewächshäuser.

man sich auch ohne Gartenboden im Gewächshaus die Grundlage für wachstumsfreudige Pflanzen schaffen.
Steht im Garten oder auf der Terrasse kein Platz für ein Gewächshaus zur Verfügung, dann steigt man aufs Flachdach, falls man eins hat. Schon Garagendächer eignen sich sehr gut. Sie müssen allerdings begehbar sein und das zusätzliche Gewicht von Gewächshaus und Erde vertragen.
Das Gewächshaus ist auf dem Dach genauso schnell aufgebaut wie im Garten. Stellt man nur Gefäße auf, braucht man das Dach nicht zusätzlich gegen Feuchtigkeit abzusichern.
Wer jedoch das Dach selbst wie einen Gartenboden benutzen will, macht sich ein Ökodach, am besten auch außerhalb des Gewächshauses für das ganze Dach.
Es gibt Spezialfirmen, die das Material für die Dachbegrünung liefern. Neben dem Zuwachs an Ertragsgarten haben Ökodächer auch noch andere Vorteile. Folien, Vliese, Erde und Pflanzen dämmen die Wärme. Die Bodenschicht mit ihren Bodenorganismen schafft zusätzliche Wärme.

Der Schallschutz ist hervorragend. Dazu speichert das Ökodach Wasser, das an warmen Tagen langsam verdunstet und dadurch die Luftfeuchtigkeit erhöht.
Der Verbrauch der Pflanzen an Kohlendioxid und die Sauerstoffproduktion verbessern die Luft erheblich.
Die Hersteller des Materials für ein Ökodach liefern neben Vlies, Dachdichtung, Dachrandprofil, extrudiertem Polystyrolschaum, der kein Wasser aufnimmt, Rollrasen mit Kräutern und Stauden auch die entsprechende Beratung. Sogar ein Heißluftgerät zum thermischen Verschweißen wird ausgeliehen.
Wie auf dem übrigen Ökodach verwendet man auch im Gewächshaus ein Gemisch von Erde und Blähton im Verhältnis 3 : 1, damit die Dachbelastung nicht zu groß wird.
Blähton hält außerdem Wasser ganz hervorragend und gibt es entsprechend den Bedürfnissen der Pflanzen langsam ab.
Für ein Gewächshaus auf dem Dach braucht man eine Genehmigung der örtlichen Baubehörde.

Biologische Pflanzenanzucht

Wer ein Gewächshaus sein eigen nennt, kann nicht nur eine Reihe von Gemüsearten dort anbauen und deren Ernte verfrühen oder auch länger hinausschieben, sondern auch Gemüse- und Blumenpflanzen selber ziehen, um sie nach den Eisheiligen ins Freiland zu setzen.

Dazu kommt, daß man mit selbst herangezogenen Pflanzen nicht zu geizen braucht. Eine Tüte Samen kostet etwa so viel wie eine Pflanze, außerdem gibt es im Handel zwar sehr viele Pflanzenarten als Samen zu kaufen, als Pflanzen kann man sie längst nicht alle bekommen.

Einjährige Sommerblumen kann man in Hülle und Fülle nach den Eisheiligen aus dem Gewächshaus in den Garten pflanzen. Sie blühen dann schon. Meist bleiben sogar Pflanzen übrig, die freudige Aufnahme bei Verwandten und Bekannten finden.

Ein weiterer Vorteil ist, daß die Pflanzen aus eigener Anzucht ohne Wurzelbeschädigung ausgepflanzt werden können und noch dazu zu einem für das Wachstum günstigen Zeitpunkt.

Bei gekauften Pflanzen weiß niemand, wann sie der Erde entnommen worden sind. Für den Biogärtner kommt noch die Frage dazu, in welcher Erde die Pflanzen herangezogen und ob sie mit Industriedünger, Fungiziden und Insektiziden bedacht wurden; von der Frage nach der Herkunft der Samen ganz zu schweigen.

Üppiger Pflanzenwuchs bei eigener Pflanzenanzucht.

Biologische Pflanzenanzucht

Der Biogärtner sät möglichst dann, wenn die kosmischen Einflüsse günstig sind. Das kann er im Aussaatkalender prüfen, den Maria Thun für jedes Jahr herausgibt.
Angeregt durch Angaben von Rudolf Steiner, befaßt sich Maria Thun seit mehr als 30 Jahren auf ausgedehnten Versuchsfeldern mit den Möglichkeiten, das Pflanzenwachstum durch Aussaat, Pflanzung, Düngung, Spritzung mit Kräuterlösungen, Bodenbearbeitung und Ernte an bestimmten Tagen, die vom Kosmos her günstig wirken, zu lenken.

So gibt es Tage, an denen die Wurzeln besonders kräftig werden, andere, an denen die Blätter üppiger wachsen, wieder andere, an denen ein reicherer Blütenflor von den Pflanzen hervorgebracht wird, und an bestimmten Tagen lassen sich die Früchte in Wachstum, Gesundheit und Haltbarkeit günstig beeinflussen, wenn man jeweils die richtigen Maßnahmen

Reicher Blütenfloor: Verbenen aus der Gewächshausanzucht.

Tomaten lassen sich schnell im Gewächshaus heranziehen.

ergreift (weitere Angaben siehe in dem Buch dieser Serie »Der Kosmos und unsere Gartenpflanzen«).

Wie in dem Kapitel »Pflanzenanzucht hat viele Vorteile« unter »Anzuchterde« beschrieben, steht rechtzeitig selbst vorbereitete Erde zur Verfügung. Der von den Bodenorganismen gut durchgearbeitete reife Kompost wird mit einem feinmaschigen Sieb durchgesiebt, und je nachdem, ob es sich um genügsame Pflanzen (sogenannte Schwachzehrer) oder Mittelzehrer handelt, mischt man mehr oder weniger gesiebten Sand unter den Kompost, falls man ihm diesen nicht schon beim Vorbereiten des Komposts beigemischt hat (5 %). Starkzehrersamen bekommen auf den Grund des Anzuchtgefäßes sogar noch ein wenig Ecovital gestreut.

Die Anzuchterde muß bereits den Temperaturen im Gewächshaus angepaßt sein, ehe gesät wird. Die beste Temperatur für die Anzucht der meisten Pflanzen liegt zwi-

Nährstoffbedürfnis der wichtigsten Gemüse
Anzahl der Reihen auf einem Normalbeet von 1,20 m Breite und Abstand in der Reihe

Gemüse	Anzahl der Reihen	Abstand in der Reihe in cm
Starkzehrer		
Blumenkohl (früh)	3	60
Blumenkohl (spät)	2	70
Brokkoli	2	40
Gurken	1 auf Hügel	30
Kohlrabi (früh)	5	20
Rotkohl	3	50
Sellerie	3	50
Tomaten	2	80
Weißkohl	3	50
Wirsing	3	60
Mittelmäßig zehrende Pflanzen		
Endiviensalat	4	40
Knoblauch	6	10
Kohlrabi (spät)	4	30
Kopfsalat	4	25
Lauch (Porree)	5	15
Mangold (Blatt-)	4	vereinzeln
Mangold (Stiel-)	3	30
Möhren	4	vereinzeln
Radieschen	5	vereinzeln
Rettich	5	vereinzeln
Rosenkohl	3	70
rote Bete (Rüben, Randen)	4	10
Spinat	6	dicht
Zuckermais	2	50
Zwiebeln	5	10
Schwachzehrer		
Feldsalat (Rapunzel)	6	10
Grünkohl	3	60
Kräuter (z. B. Petersilie, Schnittlauch)	6	dicht
Mairüben	4	vereinzeln
Pastinake	4	vereinzeln
Bodenschonende, anspruchslose Pflanzen		
Buschbohnen	2	5
Erbsen	3	3
Gartenkresse	dicht über das ganze Beetstück aussäen oder als Zwischensaat in Reihen	
Puffbohnen	3	10
Stangenbohnen	2	60 (8–10) Bohnen um jede Stange

schen 18 und 20°C. Sind höhere Anzuchttemperaturen erforderlich, sind diese meist auf den Samentüten vermerkt. Dabei handelt es sich oft um Pflanzen, die in den Subtropen oder Tropen zu Hause sind.

Wenn das Gewächshaus oder die eingebaute Warmzone die benötigten Temperaturen nicht aufweist, legt man eine elektrische Heizplatte unter die Saatschale. Die Anzuchterde wird in die Saatschale eingefüllt, mit einem Brettchen leicht angedrückt und darauf der Samen ausgestreut. Anschließend übersiebt man den Samen mit der gleichen Anzuchterde. Die Erdschicht über den Samenkörnern soll ungefähr so dick sein wie der Samen selbst.

Sehr pilzempfindliche Saaten bekommen noch etwas Buchenholzkohle in die Erde. Die Behandlung mit dem biologisch-dynamischen Präparat Hornmist (Nr. 500) nicht vergessen! Das fördert die Bewurzelung und kräftigt die Wurzeln.

Pilzanfällige Pflanzen, wie Astern, Gurken, Löwenmäulchen, Sellerie und Tomaten, werden während der Anzucht mehrmals mit Equisan (200 ml auf 10 l Wasser) gespritzt oder mit Ecomin überstäubt. Auch eine Spritzung mit Schachtelhalmtee (1 Teil Tee, 3 Teile Wasser) wirkt Wunder. Als Anzuchtkästen kann man selbstverständlich alle möglichen Behälter verwenden, vom Joghurtbecher über Blumentöpfe bis zu Obststeigen. Falls der Boden kein Loch hat, sollte man eins hineinschneiden. Nach dem gründlichen, aber feinstrahligen und sanften Überbrausen der Saat deckt man die Saatschalen mit einer transparenten Haube ab. Auch Behelfssaatschalen bekommen eine durchsichtige Abdeckung aus Folie, die man mit einigen Stäben hochhält. Beim Kauf von Saatschalen sollte man darauf achten, daß man sie für verschieden schnell hochwachsende Pflanzen aussucht. Für schnell wachsende Pflanzen muß die transparente Haube verhältnismäßig hoch sein, denn auch die Samen der gleichen Pflanzenart gehen nicht gleichmäßig auf. Wegen der größeren Sämlinge könnte man die Haube bereits abnehmen, während die gerade erst aufgegangenen sie noch brauchen. Nicht immer hat man Zeit, die großen Sämlinge schon umzupflanzen.

Nachdem die Keimfähigkeit (siehe im Kapitel »Pflanzenanzucht hat viele Vorteile«) ermittelt worden ist, weiß man, wieviel Samen ausgesät werden muß. Nicht zu verschwenderisch mit dem Saatgut umgehen! Es ist in den überwiegenden Fällen auch noch im nächsten Jahr brauchbar. Man muß sich vorher auch überlegen, über wieviel Platz man für die pikierten Pflanzen im Gewächshaus verfügt. Die ausgepflanzten Gewächse brauchen genügend Raum, damit sie sich ausbreiten können. Ein zu dichter Stand der im Gewächshaus verbleibenden Pflanzen ist nicht zu empfehlen. Gerade sie brauchen Licht.

Wenn man nicht viel Samen von einer Pflanzensorte benötigt, unterteilt man die Saatschalen mit Brettchen oder Holzstäbchen in mehrere Abteilungen und beschriftet kleine Kunststoffschilder, die man in die

Gekeimte Gurkenpflanzen.

verschiedenen Abteilungen steckt. Manche Keimblätter sind sich sehr ähnlich. Da kann es ohne Schildchen schon einmal vorkommen, daß man zum Beispiel die Sämlinge von Gurken für die von Melonen hält. Auf den Schildchen kann man alle wissenswerten Daten, wie Pflanzenart, Sorte und Aussaattermin, festhalten. Beim Pikieren wandern die Schildchen – ergänzt durch das Pikierdatum – mit in die Pikierkistchen.

Wenn die Sämlinge das erste für die bestimmte Pflanzenart typische Blatt bekommen, wird es Zeit, sie zu vereinzeln. Man nimmt für die zarten Pflänzchen ebenfalls die selbst zubereitete, gesiebte Anzuchterde. Diesmal fügt man für Mittel- und Schwachzehrer aber keinen Sand hinzu, während die Starkzehrer auf den Grund der Pikierkästen wieder etwas Ecovital bekommen. Die anwachsenden Wurzeln kommen auf diese Weise nicht mit dem frischen Dünger in Berührung, die Bodenorganismen finden jedoch neue Nahrung und bereiten für die heranwachsenden Pflanzen Nachschub an Nährstoffen zu. Nicht vergessen: Auch die Erde für die Pikiergefäße muß vorgewärmt sein! Ein Wachstumsschock wäre nicht der richtige Start.

Die Pflänzchen werden auf 5 × 5 cm bis 7 × 7 cm Abstand pikiert, damit sie sich entfalten können. Dabei lockert man die Wurzeln vorsichtig mit einem Pflanzholz, faßt die Sämlinge mit Daumen und Zeigefinger und setzt sie in ein mit dem Pflanzholz vorbereitetes Loch. Die Wurzeln müssen gut Platz haben. Dann drückt man ein wenig Erde bei und gießt in etwas Abstand mit einer Lösung mit SPS oder Alginure Wurzel-Dip gründlich an.

Die pikierten Pflanzen bewahrt man in einem gut isolierten Gewächshausteil auf, vorteilhafterweise auf Tischen und Regalen. Da ist es am wärmsten, und die Pflanzen sind dem Licht am nächsten, so daß sie kräftig und gedrungen heranwachsen können.

Um sicher zu gehen, daß die Pflanzen in einem Raum weiterwachsen, in dem die Temperatur bei plötzlichen Nachtfrösten

Junge Kohlpflanzen.

nicht zu sehr absinkt, ist ein elektrischer Heizlüfter mit Thermostat sinnvoll.

Sind die Pflanzen so weit herangewachsen, daß man sie in den Garten auspflanzen kann, werden sie an warmen Tagen ins Freie gestellt, damit sie sich außerhalb der schützenden Treibhauswände an Wind und Wetter gewöhnen. Man stellt die Pflanzenkisten anfangs aber nicht in die direkte Sonne und nimmt sie zur Nacht wieder ins Gewächshaus. Zuletzt, wenn sie schon weitgehend abgehärtet sind, läßt man sie bei fast jedem Wetter und auch nachts draußen. Unwettern sollte man sie aber nicht aussetzen.

Solange die jungen Pflanzen im Gewächshaus sind, ist es gut, wenn man sie morgens oder spätestens am frühen Nachmittag (nach 15.00 Uhr zur Stärkung der Wurzeln) gießt, da sie für die Nacht abgetrocknet sein sollten, um Pilzbefall zu vermeiden.

Für Starkzehrer reichen die Dünger bald nicht mehr aus. Sind die pikierten Pflanzen angewachsen, was man daran erkennt, daß sich neue Blätter entwickeln, dann gibt man ab und zu ein wenig Flüssigdünger. Dazu eignen sich Kräutertees, -brühen oder -jauchen. Am Anfang werden sie stark verdünnt. Danach nimmt man die in dem Buch »Gesunde Pflanzen im Biogarten« dieser Serie angegebenen Verdünnungen.

Jauchen kann man aus allen Kräutern machen. Neben ihrer hervorragenden Düngekraft können sie auch ausgezeichnete Unkrautvertreiber sein. Selbst wenn die Kräuter schon in die Samenbildung übergegangen sind, zeigen sie ihre vorzügliche Wirkung. Man muß sie nur gezielt einsetzen.

Hat man bestimmte Kräuter auf seinen Gemüsebeeten, so ist das ein Zeichen dafür, daß dem Boden gerade die Stoffe fehlen, die diese Pflanzen bilden. So holen beispielsweise der große Ampfer und die Distel, die beide Tiefwurzler sind, Mineralien aus unteren Erdschichten herauf.

Werden die Kräuter eines bestimmten Beetes verjaucht und anschließend den Pflanzen an die Wurzeln gegeben und derselbe Boden damit begossen, auf dem die Kräuter standen, dann kräftigt die Jauche nicht nur die Pflanzen, sondern die Kräuter treten dort nicht mehr auf, weil der Boden mit den ihm bis dahin fehlenden Stoffen versorgt ist.

Will man schon im zeitigen Frühjahr Kräuterjauchen zum Düngen von Jungpflanzen im Gewächshaus zur Verfügung haben, pflückt man die Kräuter bereits im Spätsommer davor, hängt sie an einem luftigen, warmen Ort im Schatten gebündelt auf eine Leine und bewahrt sie dann bis zum Frühjahr auf. Etwa 1 Woche, bevor die erste Flüssigdüngung gegeben werden sollte, verjaucht man die getrockneten Kräuter:

> **Faustregel:** 100 g getrocknetes Kraut mit 10 l Wasser verjauchen, zum Gießen oder Spritzen 10fach verdünnen.

Vermehrung durch Stecklinge

Gerade im Gewächshaus lassen sich – bedingt durch gleichmäßige Wärme und Feuchtigkeit – Pflanzen leicht aus Stecklingen gewinnen.

Grundsätzlich brauchen Stecklinge eine durchlässige Erde aus etwas Mutterboden, einer Hälfte Torf und einer Hälfte Sand. Zum Bewurzeln eignen sich alle Pflanzen, deren frische Triebe grün und weich sind. Man braucht dazu ein scharfes Messer, macht unterhalb eines Blattknotens einen Schnitt, entfernt die unteren Blätter und steckt den Stengel zuerst in eine Lösung SPS oder Alginure Wurzel-Dip und dann in die Erde. Danach wird gründlich angegossen und die Pflanze mit Alginure Verdunstungsschutzspray besprüht.

Die Pflanzen sollten etwa 6 Blätter haben. Damit auch der angeschnittene Ast der Mutterpflanze sofort weiterwächst, schneidet man ihn bis oberhalb des nächsten Blattknotens (Nodium) zurück. Dann entwickeln sich zwei Seitentriebe. Der Abstand der Schnittfläche vom Nodium ist sowohl beim Steckling als auch bei der Mutterpflanze etwa messerrückenbreit.

In die Anzuchtschale oder den Blumentopf steckt man Drahtbügel oder mehrere Holzstäbe, über die man eine Folie stülpt und unter den Topf, die Schale oder den Anzuchtkasten spannt.

Haben sich die Pflanzen bewurzelt, was an ihrem Wachstum zu erkennen ist, dann sollte man sie auch möglichst bald in eine Erde umpflanzen, die ihnen angemessen ist und sie weiterwachsen läßt.

Will man die Pflanzen buschig und verzweigt, schneidet man den Haupttrieb bis oberhalb eines Nodiums ab. Gleiches macht man mit den Seitentrieben, wenn diese sich genügend entwickelt haben.

Das Vermehren durch Stecklinge wird sehr gern bei Geranien (Pelargonien), Begonien, bei denen man meist nur ein Blatt mit Stengel steckt, und Fuchsien gemacht.

Vermehrung durch Stecklinge

Etwas abgewandelt wendet man dieses System auch bei Tomatenpflanzen an. Statt alle Blattachseltriebe, zu verjauchen oder auf den Kompost zu werfen, läßt man an jeder Tomatenpflanze einen Geiz etwa 20 cm lang werden. Dann bricht man ihn heraus und setzt ihn in einen großen, mit reifem Kompost gefüllten Topf. Im übrigen verfährt man wie bei anderen Stecklingen auch. Nur das Umtopfen fällt weg.

Wenn dann die ersten Tomatenpflanzen abgeerntet sind, haben sich die aus den Geizen getriebenen so entwickelt, daß man im Winter eine zweite Ernte im Gewächshaus bekommt.

An den Stecklingen dürfen generell keine Blütenknospen sein. Deshalb vermehrt man Pflanzen in einer Zeit, in der sie keine Blüten treiben. Notfalls bricht man die Knospen heraus.

Für Pelargonien ist die beste Zeit für Stecklinge nach der ersten Blüte im Sommer. Man wählt die frischen Triebspitzen. Fuchsien werden im Frühling vermehrt.

Vermehrung von Fuchsien durch Stecklinge: Die beiden untersten Blätter und die Internodie werden entfernt. Die Bewurzelung wird durch ein Wurzelförderungsmittel, Besprühen der Blätter mit Alginure Verdunstungsschutzspray und transparente Folie erleichtert.

Fruchtfolge und Mischkultur

Die Pflanzen, die im Gewächshaus verbleiben, sollte man so auf den Beeten, Hügelbeeten, Hochbeeten, Bankbeeten oder in den Kübeln anordnen, daß sie sich in ihrer Folge auf der gleichen Beetreihe und auch in ihrem Nebeneinander fördern.

Dabei ist auch zu beachten, daß sich die äußeren Formen der Pflanzen ergänzen und die eine Pflanzenart bereits abgeerntet wird, ehe die neben ihr wachsende anfängt, sich zu entfalten.

Auf keinen Fall sollte die gleiche Pflanzenart auf derselben Stelle nachgesät oder -gepflanzt werden. Sie hat dem Boden schon die Nährstoffe entzogen, die sie brauchte, ihm dafür andere aber auch zugeführt. Das muß man nutzen.

Die Regel ist, daß erst nach 3 Jahren wieder verwandte Gemüsearten auf derselben Stelle angebaut werden. Man läßt im 1. Jahr auf einem Beet Starkzehrer den Wachstumsreigen beginnen, im kommenden Jahr folgen mittelstarke Zehrer, die noch die kräftigen Düngergaben ihrer Vorgänger nutzen. Im letzten Jahr folgen die Schwachzehrer, wie die Hülsenfrüchte, die die letzten Dünger aufbrauchen, aber den Boden gleichzeitig wieder aufbauen, da sie durch ihre Symbiose mit den stickstoffsammelnden Bakterien Stickstoff anreichern und den Wurzeln außerdem festliegende Phosphate zugänglich machen.

Eine Ausnahme bilden Tomaten, die jedes Jahr auf dieselbe Stelle gepflanzt und wenn möglich auch mit Kompost aus den vorjährigen Pflanzen versorgt werden.

Die Mischkultur geht auf Beobachtungen von Landwirten und Gärtnern zurück, die festgestellt haben, daß sich bestimmte Pflanzen in ihrem Nebeneinander gegenseitig fördern, andere dagegen schädigen.

Hier spielen Wirkstoffe eine Rolle, die über Wurzeln, Stengel, Blätter, Blüten und Früchte in die Umgebung ausströmen. Es sind geringe Mengen solcher Wirkstoffe, die wie Katalysatoren wirken, die einen hemmend, die anderen fördernd.

So weiß man beispielsweise, daß die Wurzelausscheidungen von Tomaten das Wachstum von Sellerie fördern. Auch Petersilie oder Basilikum gedeihen prächtig neben Tomaten.

Ebenso ist bekannt, daß bestimmte Stoffe aus der Pflanzenwelt Insekten anlocken oder abstoßen. Möhren und Zwiebeln ergänzen sich zum Beispiel in dieser Hinsicht ausgezeichnet, denn die Möhren vertreiben die Zwiebelfliegen, die Zwiebeln dagegen die Möhrenfliegen.

In den Anbauanleitungen für Gemüsearten, die besonders gern im Gewächshaus kultiviert werden, finden auch die Pflanzensympathien Berücksichtigung.

Viele Gemüsepflanzen ergänzen sich sowohl oberirdisch als auch im Boden von der Form her sehr gut.

Mischkultur von Tomaten und Radieschen. Nach der Radieschenernte können Salat, rote Bete oder Porree gepflanzt werden oder auch eine dreifache Mischkultur, z. B. zu den Tomaten Salat und Porree.

Kalthausnutzung

Ein gut isoliertes Gewächshaus ohne Heizung, ein Kalthaus also, bringt bereits einen großen Nutzen, der noch verstärkt wird, wenn man die Sonneneinstrahlung in Wärme umsetzt. Selbst ein Foliengewächshaus kann dann erheblich mehr leisten.

Außerdem setzt man auf dem Fensterbrett in Küche oder Zimmer aufgestellte Saatschalen ein. Sie dürfen nicht direkter Sonne ausgesetzt sein. Man nutzt jedoch die Zimmertemperatur für die Pflanzenanzucht.

So lassen sich ab Ende Februar bereits Kopfsalat, Kohlrabi, Blumenkohl, früher Weiß-, Rotkohl und Wirsing am Zimmerfenster aussäen.

Rettiche und Radieschen werden Ende Februar ebenfalls in Saatschalen auf dem Zimmerfensterbrett herangezogen. Mitte März werden sie ohne vorheriges Pikieren ins Gewächshaus gepflanzt.

Zwiebeln, die nicht frostempfindlich sind, können Ende Februar im Kalthaus in Saatschalen dünn ausgesät werden und dort auch bei Frost auf den Tischen und Regalen stehenbleiben. Zwiebeln werden nicht pikiert, sondern Ende April oder Anfang Mai ins Freie gepflanzt.

Kresse (Gartenkresse) gedeiht überall, auch in der Keimbox ohne Erde, und hat kaum Ansprüche an den Boden. Im Kalthaus in Obststeigen auf 5 cm gutem Boden ausgesät, bis zum Auflaufen mit Folie bedeckt und mit einer Heizplatte bei einer optimalen Keimtemperatur von 20°C gehalten, läuft sie sehr schnell auf und hat einen besonders würzigen Geschmack. Nach der Keimung reichen 10–15°C für die Weiterkultivierung aus.

Kresse eignet sich sehr gut als Vorkultur, weil sie durch das enthaltene Senföl eine bakterizide Wirkung auf den Boden ausübt. Sie muß aber völlig abgeerntet werden, da sie sich sonst wie ein Unkraut ausbreitet.

Auch Monatserdbeeren oder Kreuzungen zwischen diesen und großen, einmaltragenden Erdbeeren werden in Saatschalen auf dem Fensterbrett bei Temperaturen zwischen 18°C und 22°C ausgesät. Sobald das 1. Laubblatt zu sehen ist, pikiert man die Erdbeeren und stellt sie im Gewächshaus auf. Die Keimung kann 30 Tage dauern. Bis die Erdbeeren pikiert werden, ist es Mitte oder gar Ende März.

Die Erdbeeren können Ende April ins Freie gepflanzt werden, wenn sie kräftig genug sind, und bringen schon im ersten Jahr eine gute Ernte. Agryl P 17 verhilft zu einem früheren Erntebeginn.

Im Kalthaus lassen sich selbstverständlich den ganzen Winter über auch Nutzpflanzen anbauen, die auch im Freien bei Frost unter dem Schnee gedeihen.

So war Winterpostelein früher der vitaminspendende Wintersalat, als es noch keine Treibhilfen gab. Der Geschmack von Winterpostelein ist mild und erinnert an Feldsalat. Diese Nutzpflanze wächst schnell und nach dem Schnitt gut nach. Selbst wenn die Blätter im Kalthaus einmal steiffrieren, überstehen sie das gut.

Die Aussaat von Feldsalat im Gewächshaus wird von Ende September bis Ende Oktober vorgenommen. Er liefert im Winter das vitaminreichste Blattgrün und kann von Dezember bis Ende März geerntet werden. Dann beginnt seine Blütezeit.

Ab Anfang März läßt sich im Kalthaus bereits Kopfsalat und Petersilie aussäen, ab Ende März Kohlrabi. Ende April kommen die Stangenbohnen ins Kalthaus, als Zwischensaat eignen sich Radieschen, Bohnenkraut, Schnittsalat, Dill und Kresse.

Auch Porree (Lauch) eignet sich Mitte März für die Aussaat in Saatschalen. Der Samen wird wie Zwiebelsamen dünn ausgesät, da Porree nicht pikiert wird. Nach den Eisheiligen kann Porree ins Freie.

Ab Mai können dann auch die frostempfindlichen Tomaten, Gurken, Melonen,

Auberginen und Paprika in Saatschalen auf Hängeregalen und Tischen im Kalthaus ausgesät werden.

Zucchini, seltener Zucchetti genannt, sind gegen kühlere Temperaturen weniger empfindlich als beispielsweise Gurken. Sie können nach den Eisheiligen an geschützter und sonniger Stelle ins Freie gepflanzt werden und wachsen bei kühleren Temperaturen zügig weiter.

Im August kann auf abgeernteten Beetreihen Petersilie für den Herbst- und Frühjahrsbedarf gesät werden. Auch Kohlrabi sind nochmals Ende August zu pflanzen. Kopfsalat oder Endivie werden wieder ausgesät und Anfang September gepflanzt. Zwischen den Pflanzungen hat noch eine Radieschensaat Platz.

Der Saattermin für Feldsalat liegt zwischen dem 15. und 25. September. Wenn eine Ernte im Freiland wegen des Wetters im Winter nicht mehr möglich ist, kommt man im Kalthaus gut heran.

Eine Übergangslösung zwischen Kalt- und Warmhaus bieten Heizlüfter und Umluftheizungen mit Thermostat. Befinden sich im Winter Pflanzen im Gewächshaus, für die eine bestimmte Temperatur nicht unterschritten werden darf, dann können solche Heizungen wirkungsvoll sein.

Zwiebelanbau im Kalthaus.

Warmhausnutzung

Im beheizten Gewächshaus sind der Anzucht von Pflanzen zeitlich keine Grenzen gesetzt. Wenn allerdings der Himmel wochenlang grau ist, kann von 80–90% Lichteinfall in keinem Gewächshaus mehr die Rede sein.

Wenn auch die Heizkosten keine so große Rolle spielen, weil die Gewächshausheizung von der Wohnhauszentralheizung gespeist wird, so müssen doch die Kosten für Wachstumsleuchten berücksichtig werden.

Grundsätzlich können alle Pflanzen im Warmhaus auch ohne Leuchten 6 Wochen früher als im Kalthaus ausgesät werden. Bei Kopfsalat erfolgt die Aussaat möglichst schon im Oktober oder November, damit er im Januar gepflanzt werden kann.

Tomaten, Paprika und Auberginen werden Mitte März im beheizten Gewächshaus gesät und später in Töpfe von 10 cm Durchmesser pikiert.

Gurken und Melonen sind noch wärmeliebender. Sie benötigen für die Anzucht 20°C. Bei Temperaturen unter 10°C wachsen sie nicht weiter.

Alle Pflanzen sind bei der Anzucht im Winter pilzanfällig. Deshalb beugt man mit den Hornmist- und Hornkieselpräparaten, Holzkohlengrieß, mit Schachtelhalmtee, -brühe oder -jauche oder mit einer SPS-Lösung vor.

Für den Winteranbau im Warmhaus darf nur ausgereifte Erde verwendet werden.

Eigenkonstruktion eines Anlehngewächshauses – ideal als Warmhaus.

Beliebte Gewächshaus-Nutzpflanzen auf einen Blick

Erklärungen zur Tabelle

○   Sonne

◐   Halbschatten

A   Anfang
E   Ende
M   Mitte
A2   Anfang Februar

⬢   Warmhaus (20–22°C)

⬡   halbwarm (15–18°C)

Ⓚ   Kalthaus, Folientunnel, Schlitzfolie, Lochfolie, Vlies

Gemüsepflanzen in einem Gewächshaus, in dem nach der biologisch-dynamischen Anbauweise gearbeitet wird.

Beliebte Gewächshaus-Nutzpflanzen auf einen Blick

Beliebte Gewächshaus-Nutzpflanzen auf einen Blick

Gemüse

Deutscher Name Lateinischer Name	Licht- bedürfnis	Abstand der Reihen in der Reihe cm	Saattiefe cm	Saat- zeiten	Vorkultur
Artischocke (CYNARA SCOLYMUS)	O	50 50	2	A2–E3	🏠
Bohnen Buschbohnen (PHASEOLUS VULGARIS SSP. NANUS)	O ◐	40 50 4–6 Körner um 1 Stange oder 5	2	M4–M7	Ⓚ
Stangenbohnen (PH. VULGARIS SSP. VULGARIS)	O ◐	70 60 6–8 Körner um 1 Stange	3	M5–E6	Ⓚ
Eierfrüchte Auberginen (SOLANUM MELONGENA)	O	40 40	2	3 + 4	🏠
Erdbeeren (FRAGARIA) Walderdbeeren Monatserdbeeren (einjährige und mehrjährige)	O	80 25–30	–	12, späte- stens A3	🏠
Gurken (CUCUMIS SATIVUS)	O windge- schützt	1 Reihe je Beet von 1,20 m 10 (auf 10–40 vereinzeln)	2–3	2–E5	🏠
Kohlrabi (BRASSICA OLERACEA VAR. GONGYLODES)	O	frühe Sorten 25 30 späte Sorten 30 40		E2 E8	Ⓚ
Kürbis (CUCURBITA PEPO)	O	100 200	2–3	2–E5	

Nachdüngung	Bemerkungen
Ende Juni organischer Mischdünger oder Basaltmehl und Brennesseljauche	Pflanzung ab Mitte Mai, kräftige Pflanzen entwickeln schon im 1. Jahr Blütenknospen; die Knospen werden geerntet, bevor sich die äußeren Hüllblätter purpurn färben, gegessen werden die noch grünen Blütenblätter und vor allem der Blütenboden; Pflanzen im Winter abdecken, ist mehrjährig, auch hübsche Zierpflanze.
organischer Mischdünger, aber im allgemeinen nicht nötig	Mitte Mai ins Freiland, anhäufeln, keine Stickstoffdüngung, Reifezeit etwa 60 Tage; nach dem Abernten Wurzeln im Boden lassen. Vorsicht: Das Phasin in den rohen Bohnen ist giftig, Phasin verschwindet beim Kochen, niemals Bohnen als Rohkost essen, junge Bohnen laufend ernten.
sprühen mit Baldrianblütenextrakt	klettern an Holzstangen oder Welldraht 2 m hoch, Reifezeit 75–120 Tage, junge Bohnen laufend ernten, anhäufeln, roh giftig (siehe Buschbohnen). Mischkultur mit Bohnenkraut, Kopfsalat, Porree, Schnittsalat, Sellerie, Tomaten.
Pflanzenjauche	Nachtschattengewächs, Pflanzung im Freiland nur in geschützten warmen Lagen, sonst im Gewächshaus oder Folientunnel, Ranken bis auf 4 Triebe abschneiden oder Fruchtansätze durch Abkneifen auf 5 Stück reduzieren, Ernte: August bis September, wenn die dunkelvioletten Früchte glänzen.
Spritzungen mit COHRS Erdbeerspritzmittel, Hornmist und Hornkiesel, Bio-S, SPS, Algifert oder Polymaris, nach 3 Monaten Brennesseljauche; nach der Ernte: Kompost, Meerwunder, Basaltmehl	Pflanzzeiten nach Sorten verschieden, ganz frühe ab Ende April bringen noch im gleichen Jahr gute Ernte; Monatserdbeeren Anfang Juni bis September, es gibt Sorten ohne Ranken. Günstig als Vorkultur: Kartoffeln oder Bohnen; Vermehrung durch Ableger, mulchen mit Stroh, Holzwolle, Hobel- und Sägespänen, bei Spätfrost und während der Blütezeit Baldrianblütenextrakt spritzen. Mischkultur mit Borretsch, Kresse, Knoblauch, Kopfsalat, Porree, Radieschen, Rettich, Zwiebeln.
angießen mit SPS, 1–2 mal organische Mischdünger, Hornmist und Hornkiesel sprühen; gegen Pilzbefall vorbeugend mit Schachtelhalmjauche sprühen	windgeschützter Standort, Anzucht im Frühbeet oder in Blumentöpfen auf der Fensterbank, ab Anfang Mai ins Freiland, Anzucht hinter Glas und Freilandkultur mischen, ergibt frühe und lange Erntezeit; nach Erscheinen des 5. Blattes Triebspitze herauskneifen (ergibt gut tragende Seitentriebe); Schlangengurken an Gitter hochranken lassen auf kleinen Hügeln, Einlege- und Schälgurken besser in flachem Graben, zu beiden Seiten Hügel, Gewächshausgurken gegen Welke mit Alginure-Schutzspray spritzen. Mischkultur mit Dill, Kopfsalat, Schnittsalat, Sellerie, Zwiebeln.
Brennesseljauche 1 : 10 verdünnt	frühe Sorten auch unter Folie, Ernte bis Oktober. Mischkultur mit Bohnen, Dill, Endivien, Kopfsalat, Porree, Schnittsalat, Sellerie, Spinat, Tomaten.
siehe Gurken	Eine Pflanze braucht 3–4 m^2 Platz, Anzucht wie Gurken im Warmhaus oder auf Zimmerfensterbrett. Reife Früchte klingen beim Klopfen auf die Schale hohl; können bis zu 50 kg wiegen, gute Bodendecker und zum Überwachsen von sonnig gelegenen Komposthaufen geeignet, aber nur an den unteren Rand pflanzen und Komposthaufen beranken lassen, Ernte Mitte September bis Mitte Oktober, in feuchten Sommern Holzrost unterlegen gegen Fäulnis.

Beliebte Gewächshaus-Nutzpflanzen auf einen Blick

Gemüse Deutscher Name Lateinischer Name	Licht- bedürfnis	Abstand der Reihen in der Reihe cm	Saattiefe cm	Saat- zeiten	Vorkultur
Mangold (BETA VULGARIS SSP. VULGARIS)	O			M3–M7	🄚
Blattmangold		30 / 10–20			
Rippenmangold		40 / 30–40			
Melone (CUCUMIS MELO) Zucker-	O windge- schützt	80 / 50	2	E4	▲
Wasser-				E4	
Möhren (DAUCUS CAROTA SSP. SATIVUS) frühe	O	20 / 1	1–2	M1–E3	🄚
mittelfrühe		25 / 1,5			
späte		30			
Neuseeländer Spinat (TETRAGONIA TETRAGONIOIDES)	O	30 / 50		M3–E4	🄚
Paprika Gewürzpaprika	O	30 / 40	1–2	5	🄚
Gemüsepaprika (CAPSICUM)				3	▲
Porree (Lauch) (ALLIUM PORRUM)	O	30 / 15–20	1	M3–E4	🏠
als Nachfrucht				M5–M6	
Radieschen (RAPHANUS SATIVUS SSP. SATIVUS)	O		1	A2–M9	
unter Glas		10 / 5			🄚
im Freiland		15 / 5			

Nachdüngung	Bemerkungen
–	Aussaat Mai bis Mitte Juli, überwintert mit Abdeckung im Kalthaus oder Folientunnel, kann unter Schonung der Herzblätter bis in den späten Herbst geerntet werden.
	Blätter werden wie Spinat verwendet.
	Stiele werden wie Spargel verwendet. Mischkultur mit Kohlrabi, Radieschen, Rettich.
angießen mit SPS, organischer Dünger im Hochsommer	in Freiland nicht vor dem 20.5. pflanzen, Pflanzen mit lauwarmem Wasser angießen und dabei Blätter und Stengel nicht nässen, nach dem 6. Blatt Trieb abschneiden, Reifezeit 100–120 Tage, Windschutz durch Zuckermais.
Etermut gegen Möhrenfliegen, alle 14 Tage ab Mitte Mai wiederholen, ab und zu Brennesseljauche gießen	in Saatrillen Basaltmehl streuen; Saatgut mit Sand mischen, damit die Möhren nicht zu dicht auflaufen, oder Saatbänder, Radieschensamen mit einsäen, weil Möhrensaat langsam keimt; Samen überrollen oder anklopfen, bei 8 cm Höhe des Krauts leicht anhäufeln, frühe Sorten unter Glas ziehen, Ernte ab Mitte Mai, früh verziehen. Karotten: kurze, stumpfe Möhren, Geschmack feiner; Möhren, Mohrrüben: länger Mischkultur mit Zwiebeln
–	Pflanzzeit nach dem 20. Mai, bildet Ranken, Ernte Mitte Juni bis Ende September.
–	Anzucht in Töpfen hinter Glas oder im Frühbeet, Ernte für Gewürzzwecke in ausgereiftem Zustand, als Gemüse grün ernten, bei kühlem Wetter im Folientunnel.
in Hauptwachstumszeit Kopfdüngung mit Brennesseljauche, Basaltmehl	auspflanzen in tiefe Furchen (bis 20 cm), gut angießen, immer wieder anhäufeln, damit eine möglichst lange Stange entsteht, Ernte Spätherbst bis Frühjahr; wenn man im Frühling einige Pflanzen stehenläßt und die Blütenansätze abschneidet, entwickeln sich am Fuß die kleinen weißen Perlzwiebeln. Mischkultur mit Erdbeeren, Endivien, Kohlrabi, Kopfsalat, Sellerie, Tomaten.
–	Frühe Sorten dürfen es nicht zu warm haben. Gut feucht halten, sonst platzen R. und werden holzig. Reifezeit etwa 4 Wochen. Gut für Mischkultur mit Schnitt- und Kopfsalat, Gartenkresse, Spinat, Bohnen, Tomaten, Möhren, Kohl.

Beliebte Gewächshaus-Nutzpflanzen auf einen Blick

Gemüse

Deutscher Name Lateinischer Name	Licht- bedürfnis	Abstand der Reihen in der Reihe cm	Saattiefe cm	Saat- zeiten	Vorkultur
Rettich (RAPHANUS SATIVUS SSP. NIGER)	○	20–25 8–12			🏠
Sommerrettich				M4–E7	
Herbstrettich				A7–M8	
rote Bete Randen, rote Rüben (BETA VULGARIS SSP. CONDITIVA)	○ ◐	30 10		E3–M7	🏠
Salat Endivie (CICHORIUM ENDIVIA)	○	30 30	1–2		🏠
Sommerendivie				M3–E4	
Winterendivie				8 ins Freiland 9	
Feldsalat, Ackersalat, Rapunzel (VALERIANELLA LOCUSTA)	○	10–15	1/4	ab M9	🏠
Gartenkresse (LEPIDIUM SATIVUM)	○	10	1/4	1–12	🏡
Kopfsalat grüner Salat (LACTUCA SATIVA SSP. CAPITATA)	○	30 30	1/4	E2–M8	🏠
Winterkopfsalat (überwintert auch im Freiland Ernte: Mitte April bis Mitte Mai)		30 30	1/4	M8–M9	🏠
Schnittsalat (L.S. VAR. SECALINA) Pflücksalat (L.S. VAR. ACEPHALA) Lattich	○	15–20	1/4	M3–M8	🏠
Sellerie Knollensellerie (APIUM GRAVEOLENS VAR. RAPACEUM)	○	40 40	1	ab E2	🏡
Bleichsellerie Stangensellerie (APIUM GRAVEOLENS VAR. DULCE)	○	35 30	2	ab E2	🏡

Nachdüngung	Bemerkungen
etwas organischen Mischdünger	Aussaat im Freiland ab Mitte März, Reifezeit 6–8 Wochen, Herbstrettich nicht zu spät ernten und im Keller in Sand einschlagen, gut geeignet für Mischkultur. Mischkultur siehe Radieschen.
Kopfdüngung mit Beinwellbrühe	Aussaat in Kästen ab Ende März, in Frühbeet ab Anfang April, ins Freiland Mitte April, häufig hacken, für den Wintervorrat Blätter vorsichtig abdrehen, damit die rote Bete nicht verletzt wird, weil sie dann blutet. Mischkultur mit Dill, Gurken, Knoblauch, Kohlrabi, Kopfsalat, Schnittsalat, Zwiebeln.
Brennesseljauche	glatte und krause Sorten, grün mehr Inhaltsstoffe, bleichen durch enges Setzen oder Zusammenbinden, aber nur bei trockenem Wetter, kurz vor Verbrauch; manche Sorte ist selbstbleichend.
	Auspflanzung Juni. Anzucht zuvor im leicht beheizten Haus.
	Auspflanzung Ende September ins halbwarme Gewächshaus. Im Winter mit Acryl-Folie P 17 bedecken, Endiviensalat verträgt etwas Frost. Mischkultur mit Kohlrabi, Porree, Stangenbohnen.
–	breitwürfig oder besser in Reihen säen und leicht anklopfen, gut feucht halten.
–	2–3 Wochen nach der Aussaat kann geschnitten werden, nicht auswachsen lassen. Mischkultur mit Erdbeeren, Kopfsalat, Radieschen, Schnittsalat.
Pflanzenjauche	im Frühjahr und August Langtagssorten säen, die im Sommer zu schnell schießen, für den Sommer gibt es die tagneutralen Sorten, die verhältnismäßig lang einen festen Kopf haben; im April ins Freiland pflanzen, Ernte nach 5–7 Wochen, geeignet für Nebenkultur. Mischkultur mit Dill, Erdbeeren, Gurken, Kresse, Kohlrabi, Porree, Radieschen, Rettich, rote Bete, Tomaten, Zwiebeln.
Pflanzenjauche	
Pflanzenjauche	Aussaat in Reihen an Ort und Stelle, bildet keine Köpfe, wird geschnitten oder gepflückt und wächst nach, mehrmals nachsäen, dann kann man laufend ernten, Nebenkultur. Mischkultur siehe Kopfsalat.
Brennesseljauche 2mal während Hauptwachstum	Lichtkeimer, Samen kaum oder gar nicht bedecken; sehr kälteempfindlich, auspflanzen ins Freiland nach den Eisheiligen, Bodenbedeckung mit Beinwell oder Seetang, Ernte Oktober und November, Knollen von Wurzeln und Blättern befreien und im Keller in Sand lagern. Auch als gut bodendurchwurzelnde Vorfrucht wertvoll, dann noch kleine Knollen mit jungem Grün ernten.
wie Knollensellerie	vorziehen wie Knollensellerie oder ab Mitte Mai im Freiland. Anfang September anhäufeln, damit die Stengel bleichen, man kann sie auch in Wellpappe oder schwarze Folie wickeln.

Beliebte Gewächshaus-Nutzpflanzen auf einen Blick

Gemüse

Deutscher Name Lateinischer Name	Licht- bedürfnis	Abstand der Reihen in der Reihe cm	Saattiefe cm	Saat- zeiten	Vorkultur
Spinat (SPINACEA OLERACEA)	○	20–25	3	10–3	🄚
Tomaten (LYCOPERSICON LYCOPERSICUM)	○	100 50–80		M2–E4	◼
Winterpostelein Winterportulak (CLAYTONIA PERFOLIATA PORTULACACEAE)	○	20 10–20	1/4	ab 9	🄚
Zucchini Zucchetti (CURCUBITA PEPO SSP. GIROMONTIINA)	○	100 100	2	2–E5	◼
Zuckermais (ZEA MAYS)	○	60 40–50	3	ab M4	🄚
Zwiebeln (ALLIUM CEPA)	○	5–10	–	ab M3	🄚
Schalotten		20–25 15			
Steckzwiebeln		20–25 10			

Nachdüngung	Bemerkungen
–	Aussaat nicht zu dicht, unter Folie vor Anfang März, nach der Ernte Wurzeln im Boden lassen, oberirdische Reste als Mulchdecke liegenlassen. Mischkultur mit Erdbeeren, Kohlrabi, Radieschen, Rettich, rote Bete, Tomaten.
mit Brennesseljauche angießen, während Hauptwachstum mit Pflanzenjauche	Aussaat unter Glas in $2/3$ mit Komposterde gefüllten 8-cm-Tontöpfchen, je 2 Samen in einem Topf, später die schwächere Pflanze entfernen, wenn die Pflanzen 8 cm hoch sind, Töpfe mit Kompost auffüllen, erst nach den Eisheiligen ins Freiland pflanzen; tief bis zum Blattansatz setzen, Holz- oder gewellten Metallstab stecken, in naßkalten Sommer Foliendach empfehlenswert, mit abgestandenem warmen Wasser gießen, im Herbst grüne Tomaten an der Pflanze lassen, ganze Pflanze mit Wurzel aus dem Boden nehmen und an luftigem, trockenem und schattigem Platz aufhängen, Tomaten reifen nach und werden wohlschmeckend. Mischkultur mit Basilikum, Kopfsalat, Porree, Radieschen, Rettich, rote Bete, Schnittsalat, Sellerie, Spinat, Zuckermais.
–	Saat dünn mit Erde bedecken, kleine Pflanzen für Gebrauch ausziehen, damit sich die starken ausbreiten können, ausgewachsene Pflanzen über Winter im Freiland bei Kälte mit Folie abdecken, abgeschnittene Pflanzen wachsen nach, weiße Blüten können mitgegessen werden. Dürfen aber nicht samen.
wie Gurken	Anzucht in Töpfen mit je 3 Kernen, bilden keine Ranken, Ernte Anfang Juli bis Mitte Oktober, die Früchte sind grün oder gelb. Mischkultur mit Stangenbohnen, Zuckermais, Zwiebeln.
–	Saat unter Folientunnel bereits Mitte April, 2–3 Körner an 1 Stelle, vor der Aussaat Körner 12 Stunden lang in warmes Wasser einweichen, dem man Keimtropfen von Bio-Kraft, SPS, Humofix oder ein anderes flüssiges oder verflüssigtes Kompostpräparat zusetzen kann, dann sofort aussäen; nur die stärkste Pflanze läßt man jeweils stehen, Körner vor Vögeln schützen, Keimung 2–3 Wochen, Ernte ab August, sobald die gelbgrünen Fäden, die aus den Kolbenspitzen heraushängen, abtrocknen. Mischkultur mit Tomaten und Zucchini.
–	Aussaat ab Mitte März, Keimung 3–4 Wochen, auf 5–10 cm vereinzeln und junge Zwiebeln auf endgültigen Abstand zum Verbrauch verziehen, Saatzwiebeln Anfang August bis Ende September ernten, Ernte an warmen Tagen, wenn Laub vergilbt ist, Erde aus Wurzeln entfernen, Laub bündeln oder als Zopf flechten und an luftigem, trockenem und schattigem Ort aufhängen. Hoch stecken, häufeln günstig. Mischkultur mit Dill, Bohnenkraut, Gurken, Kopfsalat, Möhren, rote Bete, Radieschen.

Kiwis, Erdbeeren und Wein im Gewächshaus

Kiwis sind in unseren Breiten sehr beliebt geworden. Doch mit dem Gedeihen im Freiland will es mit der aus Neuseeland stammenden Pflanze nicht so ganz klappen. In kalten Wintern bleiben Frostschäden nicht aus. Beachtenswerte Erträge stellen sich dann nicht ein oder erst nach mehreren Jahren.

Im Erwerbsgartenbau hat die Kultur im Gewächshaus bereits die Probe erfolgreich bestanden. Warum soll es nicht auch im Kleingewächshaus gehen?

Man braucht für weibliche Pflanzen eine männliche, weil Kiwis zweihäusig sind, und muß mit einem Pinsel bei der Bestäubung nachhelfen. Unter 2°C sollte die Temperatur nicht absinken, dann kann man mit dem ersten Ertrag im 4. Jahr nach der Pflanzung rechnen.

Im Winter Erdbeeren? Ja, das erreicht man durchaus auch in unseren Breiten. Dazu nimmt man einige Wochen nach der Ernte der Erdbeeren möglichst kräftige Pflanzen aus dem Freiland und setzt sie in einen Kasten mit eingelegter Bodenheizung und mit Thermostat. Etwas Basaltmehl und Meerwunder als Dünger sowie reifer Kompost werden dazugegeben. Bis zum ersten Frost sollten die Erdbeerpflanzen noch im Freien bleiben, damit sie den Frost erleben. Dann kommen die Erdbeeren ins Kalthaus. Die Bodenheizung sorgt für 18°C bis etwa 21°C Bodentemperatur, wie sie im Mai und Juni im Freiland ebenfalls ist.

Auch das Tageslicht im Sommer muß im Gewächshaus nachgeahmt werden, denn im Winter ist es allenfalls 8 Stunden hell. Eine Wachstumsleuchte sorgt weitere 6 Stunden für Sommerhelle, etwa von 7 bis 10 Uhr und nachmittags von 15 bis 18 Uhr. Wenn man das Erdreich feucht hält, zeigen sich im Dezember neue Blätter, und nicht lange, dann bilden sich auch die ersten Knospen. Nun wird öfter mit temperiertem Wasser gegossen, und wenn die Blüten aufgegangen sind, überträgt man mit einem kleinen Pinsel den Blütenstaub von einer Pflanze auf den Stempel einer Blüte einer anderen Pflanze. Tatsächlich bilden sich Erdbeeren, die etwa im Februar reif sind.

Der Stromverbrauch beträgt im Monat für Wachstumsleuchte und Bodenheizung etwa DM 2,50 bis DM 3,00, ist also erträglich und lohnt das Experiment.

Wein im Gewächshaus ist nicht anders zu ziehen als im Freiland. Ein Kalthaus reicht in warmen Gegenden aus, nur in sehr kalten Gegenden läßt man die Temperatur nicht zu weit unter den Gefrierpunkt absinken. Man erreicht in Weingegenden dadurch eine Verfrühung der Ernte und süßere Trauben, in Gegenden, in denen es für Wein normalerweise zu kalt ist, wird die Anpflanzung von Wein durch ein temperiertes Gewächshaus überhaupt erst möglich.

Treiberdbeeren im Krieger-Gewächshaus.

Kiwis, Erdbeeren und Wein im Gewächshaus

Biologische Abwehr von Schädlingen im Gewächshaus

Vieles, was in diesem Buch bereits empfohlen wurde, sind vorbeugende Maßnahmen gegen Schädlinge und Pflanzenkrankheiten. Dazu gehört die schonende Bodenbearbeitung, die rechtzeitige Vorbereitung der Anzucht- und Pflanzerde ebenso wie das Klima im Gewächshaus, die Beachtung der günstigsten Mischkulturen und die Förderung der Nützlinge, zu denen die Bodenorganismen zählen, aber auch Marienkäfer, Florfliegen, Vielfüßler, Schwebfliegen, Schlupfwespen und andere. Ausführliche Beschreibungen sind in dem Buch »Gesunde Pflanzen im Biogarten« in dieser Serie enthalten.

Während Tees, Brühen und Jauchen aus verschiedenen Kräutern das Bodenleben fördern und den Pflanzen in der Wachstumsperiode neue Nahrung zukommen lassen, die schon weitgehend aufbereitet ist, kann man diese Zubereitungen auch gezielt gegen Schädlinge einsetzen.

Gärende Brennesseljauche wird unverdünnt gegen Blattläuse gespritzt. Dafür nimmt man 1 kg frisches oder 200 g getrocknetes Kraut auf 10 l Wasser. Nach 24 Stunden wird abgesiebt und mit feiner Düse ausgespritzt.

Die Kirschfruchtfliegenfallen von Neudorff fangen auch Weiße Fliegen im Gewächshaus.

Gute Spritzgeräte gibt es im Handel. Am rationellsten arbeitet es sich mit 5-l- oder 10-l-Drucksprühgeräten, die man umhängen kann. Mit der verstellbaren Düse an einem langen Messingrohr lassen sich auch die Spitzen mittelhoher Obstbäume erreichen.

Die Zubereitungen aus Schachtelhalm sind fein versprüht gegen Pilzkrankheiten sehr wirksam.

Wermut sprüht man gegen die Schwarze Bohnenlaus, die auch manchmal bei Stangenbohnen im Gewächshaus auftritt. Man kocht 15 g getrocknetes Wermutkraut 5 Minuten in 5 l Wasser. Es sollte dreimal im Abstand von 2 Tagen versprüht werden.

Einen Kaltwasserauszug aus zerquetschten Tomatenblättern oder -geizen und 2 l Wasser läßt man nur 2 Stunden ziehen und spritzt ihn dann unverdünnt gegen Blattkrankheiten der Tomaten und gegen die Kohlfliege.

Im Handel sind ebenfalls Mittel gegen Schadinsekten und Pflanzenkrankheiten erhältlich, die weder die Bodenbakterien noch andere Nützlinge schädigen.

Die verschiedenen Bewurzelungshilfen, wie SPS, Alginure Wurzel-Dip und Neudofix, schaffen durch schnelle und kräftige Bewurzelung die beste Voraussetzung für ein gesundes Pflanzenwachstum.

Bio-S und Artanax beugen Pilzkrankheiten vor. Ecomin ist ein Pulver, das fein zerstäubt gegen Pilzkrankheiten, Schadinsekten und gegen Schnecken einsetzbar ist.

Etermut verhindert durch Kräuterduftstoffe das Auftreten der Möhrenfliege.

Die Wirkung dieser biologischen Mittel wird wesentlich verstärkt, wenn man sie rhythmisch anwendet. Unter Glas und Folie spritzt man an 3 aufeinanderfolgenden Tagen nach 17 Uhr, wenn Wärme und Sonneneinstrahlung abklingen.

Gegen akuten Befall schützen im Handel erhältliche pflanzliche Mittel, die für Schadinsekten zwar giftig sind, aber zu keiner Giftklasse gehören und für Mensch und größere Tiere – meist auch für Bienen – unschädlich sind.

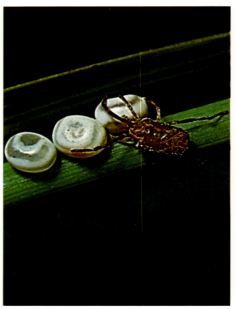

Raubmilbe an Eiern einer Grasglucke.

Diese Mittel sollten aber nicht eingesetzt werden, wenn sich an einer einzelnen Triebspitze einige Blattläuse zeigen.

Bei Befall durch Schädlinge sollte man zuerst prüfen, ob der Boden tief durchfeuchtet und locker ist. Schon ein Hacken von verkrustetem Boden kann Schädlingen Einhalt gebieten. Blattläuse verschwinden oft auch dann, wenn man in der heißen Mittagssonne mit scharfem Strahl die befallenen Pflanzen gründlich abspritzt. Nasse Kälte lieben Blattläuse nicht. Auch diese Prozedur kann man rhythmisch an 3 aufeinanderfolgenden Tagen wiederholen.

Spruzit gibt es als Stäube- und Spritzmittel. Es ist umweltfreundlich und auch für Bienen, Hummeln und ähnliche Tiere unschädlich. Es wird nur eingesetzt, wenn Blatt-, Schmier- und Schildläuse, Spinnmilben, Thrips oder Weiße Fliegen einmal überhand nehmen. Der rein pflanzliche Pyrethrum-Wirkstoff tötet die Schädlinge durch direkten Kontakt.

Biologische Abwehr von Schädlingen im Gewächshaus

Im Anbau unter Glas und Folie sind zwei Schädlinge besonders häufig, die Weiße Fliege und die Spinnmilbe.

Die Vermehrung der Weißen Fliege läßt sich durch die Kirschfliegenfallen von Neudorff kontrollieren. Weiße Fliegen lieben die Farbe Gelb. Die gelben Fallen werden im Gewächshaus verteilt aufgehängt, und wenn Weiße Fliegen auftreten, fliegen sie die Fallen an und bleiben dort kleben. Die Spritzung mit Spruzit muß bei starkem Befall häufig wiederholt werden, weil das Mittel nicht auf die an der Blattunterseite von Tomaten, Gurken, Melonen und Paprika abgelegten Eier wirkt.

Man setzt im Erwerbsgartenbau gegen Weiße Fliegen gezüchtete Schlupfwespen ein. Sie werden auf Kartenstreifen mit Hüllen der Weißen Fliege geliefert, die durch Schlupfwespen parasitiert sind.

Gegen die Spinnmilbe, die im Gewächshaus Gurken, Tomaten, Stangenbohnen und Paprika befällt, werden die nützlichen Raubmilben eingesetzt. Sie werden auf Stangenbohnen gezogen und dann versandt (siehe Bezugsquellenverzeichnis).

Die kleinen, meist nicht zu erspähenden Nacktschnecken können im Gewächshaus zum Problem werden. Sie fressen nachts die Blätter bis zu den höchsten Trieben an oder total ab.

Bier ist das Lieblingsgetränk der Schnecken. Sie gehen aber auch durch Bier ein. Das macht sich der Biogärtner zunutze, indem er große Buttermilch- oder Dickmilchplastikbecher 2 cm hoch mit Bier füllt. Da hinein hängt er einen kleinen Becher von Dickmilch. Der kleine Becher bekommt in den Boden ein Loch von etwa 3 cm Durchmesser.

Die beiden ineinandergefügten Becher werden in die Erde gesetzt. Der obere Rand

Schlupfwespenpuppen an einer toten Kohlweißlingsraupe.

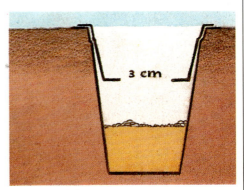

Schneckenfalle.

schließt mit der Erde ab. Nun können die Schnecken zwar hinein und zum Bier, aber heraus kommen sie nicht mehr. Die toten Schnecken dürfen nicht im Garten bleiben, auch nicht im Kompost. Die verwesenden Schnecken locken neue an.

Eine gute Vorbeugung gegen Pflanzenkrankheiten und Schädlingsbefall ist die Mischkultur. In vielen Fällen ist sie aber nur im naturgemäßen Anbau wirksam, weil sich durch andere Dünger die artspezifischen Inhaltsstoffe der Pflanzen, auf deren Ausscheidung die Wirkung beruht, verschieben.

Schlupfwespe verläßt Puppenkokon.

Pflege von Vlies, Folie und Glas

Das verwendete Material für den Pflanzenanbau unter Glas und Folie ist leicht zu pflegen. Wenn man Vlies und Folie beim Auflegen und Abdecken sorgfältig behandelt und nicht einreißt, kann man beide jahrelang verwenden.

Verschmutztes Vlies (Agryl P 17) ist nicht mehr so lichtdurchlässig. Es läßt sich mit einem biologisch abbaubaren, nicht mit synthetischen Duftstoffen versehenen Waschmittel in der Waschmaschine bei 30–40°C gut waschen und kommt fast trocken aus der Maschine.

Festeres Vlies und schwarze Folie werden nach dem Gebrauch einfach mit dem Wasserschlauch abgespritzt und im Schatten zum Trocknen aufgehängt. Man darf die Folie nicht in der Sonne aufbewahren, selbst helles Tageslicht läßt schwarze Folie spröde werden.

Gewächshäuser aus Folie, Glas oder Kunststoff sollten ab und zu von außen abgespritzt werden, da Regen heute nicht mehr reinigt, sondern eher verschmutzt.

Bevor Gewächshäuser im Herbst für den Winter vorbereitet werden, sollten sie einmal ausgeräumt und die Wege gefegt werden. Tische und Regale wischt man mit einem feuchten Tuch ab. Auch die Innenwände werden abgewaschen, Glasscheiben wie Fensterscheiben blank geputzt. Nahtstellen, Fugen und Ecken können mit einer Essiglösung (5%) gereinigt werden. Dadurch werden Pilze und Algen gründlich entfernt.

Mauern werden mit einer harten Bürste gut abgebürstet und mit einer Naturharz-Dispersionsfarbe gestrichen, falls sie fleckig geworden oder nachgedunkelt sind. Wände, die die Sonnenstrahlen reflektieren sollen, werden hell, diejenigen, die Strahlen absorbieren sollen, dunkel gestrichen.

Alle Holzteile werden gründlich abgebürstet und gegebenenfalls mit einer Boraximprägnierung behandelt.

Wer Glas noch mit Kalk schattiert, muß den Kalk im Herbst gründlich von den Scheiben entfernen.

Heizrohre werden abgebürstet, von Rost befreit und mit Naturheizkörperlack gestrichen. Die natürlichen pflanzlichen Bindemittel und das reine destillierte Balsamterpentinöl verbreiten während des Streichens und in der Heizperiode einen sehr angenehmen Duft.

Luftpolsterfolie wird gleich beim Abnehmen nach den Eisheiligen abgewaschen und auf schadhafte Stellen untersucht. In diesen setzen sich besonders gern Pilze und Algen fest. Man muß diese Stellen gut säubern, mit Essigwasser auswaschen und nach dem restlosen Austrocknen mit selbstklebenden Folienstreifen verschließen. Im Herbst hat man vor dem Einkleben der Luftpolsterfolie dann keine Arbeit mehr.

Nun können wieder alle Pflanzen ins Gewächshaus, und der Winter kann beginnen.

Auch Luftpolsterfolie läßt sich bei guter Pflege immer wieder verwenden.

Bezugsquellen in alphabetischer Reihenfolge

Aglaia, Beeck GmbH & Co. KG, Postfach 810224, D-7000 Stuttgart 81, (07 11) 72 10 03

Auro GmbH, Postfach 1220, D-3300 Braunschweig, (05 31) 89 50 86

Bartscher GmbH & Co, Calenhof 4, Postfach 45, D-4787 Geseke, (0 29 42) 10 28

Ing. G. Beckmann KG, Simoniusstr. 10, D-7988 Wangen, (0 75 22) 41 74

Bertelsmeier GmbH, Gewächshausbau Abt. 11, Reichestr. 3–5, D-3250 Hameln, (0 51 51) 6 10 78

Bio-Elemente-Vertriebs-GmbH & Co. KG, Kirschgasse 7, D-7101 Erlenbach, (0 71 32) 60 87

Biofa-Naturfarben GmbH, Dobelstr. 22, D-7325 Boll, (0 71 64) 48 25

Biologische Insel, (Naturgemäße Baumaterialien, kostenlose telefon. und schriftl. Beratung), Luftschiffring 3 w, D-6831 Brühl bei Mannheim, (0 62 02) 76 69

Der Blühende Garten, Mühlstr. 39–43, D-7065 Winterbach, (0 71 81) 70 81

Bonacker KG, Steinweg 8, D-3571 Amöneburg 1, (0 64 22) 18 65

Heinrich Bornträger, Postfach 3, D-6521 Offstein

Ernst-Otto Cohrs, Postfach 11 65, D-2720 Rotenburg/Wümme, (0 42 61) 31 06

Dehner, Postfach 11 60, D-8852 Rain am Lech, (0 90 02) 7 70

Der grüne Baum, Alte Hattinger Str. 15, Postfach 10 17 65, D-4630 Bochum 1

Deutsche Heraklith AG, Postfach 11 20, D-8346 Simbach/Inn, (0 85 71) 40–0

Deutsche Spezialglas AG (Sanalux), Postfach 80, D-3223 Delligsen 3, (0 51 87) 77 11

Deutsche Vegetarier-Zentrale, Postfach 9, D-6443 Sontra

Ewald Dörken AG, Wetterstr. 58, Postfach 163, D-5804 Herdecke/Ruhr, (0 23 30) 63–1

Drebinger, Sulzbacher Str. 88, Postfach 25 01 60, D-8500 Nürnberg 20, (09 11) 55 96 26

Wolf Engel, Moorweg 22, D-8069 Rohrbach/Ilm, (0 84 42) 88 33

EXIMPO, K. Harboe-Larsen GmbH & Co KG, Europastr. 33, Postfach 15 55, D-2390 Flensburg-Jarplund, (04 61) 95 59

Feddersen, Blankeneser Bahnhofstr. 60, Postfach 55 03 04, D-2000 Hamburg 55, (0 40) 86 50 58/59

Hermann Fleischhauer & Co,
Abt. Versand, Am Ellenbogen 12,
Postfach 11 06 64, D-4300 Essen 11,
(02 01) 67 05 25

Forschungsstelle für biologisch-
dynamische Samenerzeugung,
D-2970 Emden-Wybelsum

Heinrich Geisel, Ludwigstr. 70,
D-8510 Fürth

Gerex Neugebauer GmbH, Postfach 27 47,
D-7100 Heilbronn, (0 71 31) 1 08 05

Hermann Gutmann Werke GmbH,
Nürnberger Str. 57–81,
D-8832 Weißenburg, (0 91 41) 9 92–0

Hengesbach Gewächshausbau GmbH,
Billwerder Billdeich 494, Postfach 80 02 28, D-2050 Hamburg 80,
(0 40) 7 39 03 91

Herkules-Gerätebau Osthues & Bahlmann,
Postfach 35 09, D-4740 Oelde 1,
(0 25 22) 40 41/40 42

Karl Hild, Samenzüchter,
D-7142 Marbach

Horstmann & Co, Langelohe 65,
Postfach 5 40, D-2200 Elmshorn

Hunecke GmbH, Sennestadtring 19,
Postfach 11/02 50, D-4800 Bielefeld,
(0 52 05) 44 29

Institut für Gemüsebau der Versuchs-
anstalt für Gartenbau,
(FH Weihenstephan), Lang Point,
D-8050 Freising 12

Bio- und Gartenmarkt Keller,
Inh. Albert Kiefer, Konradstr. 17,
D-7800 Freiburg

Fritz Klem, D-7640 Kehl-Marlen,
(0 78 54) 8 41

Krieger, Gahlenfeldstr. 5,
D-5804 Herdecke/Ruhr,
(0 23 30) 76 91

Gebhard Kübler,
D-7989 Amtszell, (0 75 20) 67 22

LB-Elite s. Rath

Livos, Neustädter Str. 23–25,
D-3123 Bodenteich, (0 58 24) 13 44

Jan Mertens B.V., Vergelt 3,
NL-5991 P.J. Baarlo (L.)
(00 31-47 07) – 16 06

Messerschmidt KG, Autenbachstr. 22,
Postfach 8 43, D-7320 Göppingen 8,
(0 71 61) 4 10 87

Arnold Neher, Silcherstr. 5,
D-7211 Frittlingen, (0 74 26) 71 75

Normstahl-Werk, Normstahlstr. 1–3,
D-8052 Moosburg, (0 87 61) 6 83-42

Ökologische Bautechnik Hirschhagen
GmbH (Isofloc), Wahlershäuser Str. 49,
D-3500 Kassel, (05 61) 6 30 71

Oskar Overmann GmbH & Co,
D-6920 Sinsheim, (0 72 61) 6 47 12

Pergart s. unter E.P.H. Schmidt & Co
GmbH

Plastoplan GmbH, D-2355 Ruhwinkel-
Wankendorf, (0 43 23) 65 31

Ilmar Randuja (Saatgut), Ekkart Hof,
CH-8574 Lengwil

Hamil Rath OHG, LB-Elite, Scheffelstr. 17,
Postfach 60 53 50,
D-2000 Hamburg 60, (0 40) 27 40 58

Röhm GmbH, Postfach 42 42,
D-6100 Darmstadt 1, (0 61 51) 18-1

Savalis, Hortensienweg 27,
   D-7000 Stuttgart 50, (07 11) 53 50 38

H. Schlachter, Wasserburger Weg 1/2,
   D-8870 Günzburg MG 2,
   (0 82 21) 3 00 57–58

E.P.H. Schmidt & Co GmbH, – Pergart –,
   Storbecker Weg 20, Postfach 33 20,
   D-5800 Hagen, (0 23 31) 30 30 01–4

Schüco, Karolinenstr. 1–15,
   Postfach 76 20, D-4800 Bielefeld 1,
   (05 21) 78 31

Erich Schumm GmbH, Erich-Schumm-
   Str. 2–4, Postfach 11 20,
   D-7157 Murrhardt/Württ.,
   (0 71 92) 27–268

Selfkant GmbH & Co KG, Maria-Lind-
   Str. 29, D-5137 Waldfeucht 3,
   (0 24 52) 2 17 82

Carl Sperling und Co., Postfach 26 40,
   D-2120 Lüneburg

Josef Friedmann, Nachf. Rolf Spittler,
   Ziegelhofstr. 154,
   D-7800 Freiburg-Lehen,
   (0 7 61) 8 50 69

Stäbler GmbH, D-7321 Adelberg

E. & R. Stolte GmbH, Nährweg 4–5,
   Postfach 15 44, D-2840 Diepholz 1,
   (0 54 41) 30 07–8

Theo Tacke, Borkener Str. 40,
   D-4280 Borken 2-Burlo,
   (0 28 62) 33 50

Wilhelm Terlinden GmbH,
   D-4232 Xanten 1, (0 28 01) 40 41/42

VAW Vereinigte Aluminium Werke AG,
   Postfach 24 48, D-5300 Bonn 1

Vöroka, Binsbachweg 1–4,
   D-7519 Eppingen-Mühlbach,
   (0 72 62) 80 87

G. Voss GmbH & Co. KG, Niederolmer
   Str. 10, D-6501 Zornheim/Mainz,
   (0 61 36) 50 71

Josef Weiss Plastic GmbH, Eintrachtstr. 8,
   Postfach 90 07 65,
   D-8000 München 90,
   (0 89) 69 31 90, 6 91 32 96

Wolf-Geräte GmbH, Postfach 860,
   D-5240 Betzdorf/Sieg

Rijk Zwaan, Samenzucht und
   Samenhandlung GmbH, Postfach 34,
   D-4777 Welver

Bezugsquellen Sachverzeichnis

Baubiologisch einwandfreie Baustoffe

Dämmstoffe:
 Baubiologisches Zentrum, Biologische Insel, Deutsche Heraklith AG, Ökologische Bautechnik Hirschhagen, Savalis

Glas, Plexiglas:
 Deutsche Spezialglas AG (Sanalux), Röhm

Spanplatten:
 Bonacker

Bewässerung

Bewässerungssysteme
Bartscher, Beckmann, Dehner, Eximpo, Feddersen, Gerex, Hunecke, Krieger, Messerschmidt, Rath, Schlachter, Stolte, Terlinden

Bewässerungsvliese
Dehner, Messerschmidt, Stolte, Voss

Regenfässer oder -tonnen
Bartscher, Beckmann, Dehner, Krieger, Kübler, Messerschmidt, Schmidt, Terlinden, Voss

Regenwassersammler und Rohre
Bartscher, Beckmann, Dehner, Drebinger, Feddersen, Herkules, Horstmann, Kübler, Normstahl, Messerschmidt, Overmann, Rath, Schmidt, Spittler, Terlinden, Voss

Wasserreinigungsgeräte
Tacke

Dachbegrünung
Plastoplan GmbH

Folien und Vliese

Abdeckfolien
Der Blühende Garten, Dehner, Dörken, Drebinger, Engel, Horstmann, Klem, Schumm

Abdeckvliese
Dehner, Dörken, Drebinger, Klem, Schumm, Zwaan

Folienschutzhauben
Dehner, Drebinger, Horstmann, Klem, Schumm, Wolf

Isolierfolien
Bartscher, Beckmann, Dehner, Dörken, Drebinger, Engel, Feddersen, Horstmann, Hunecke, Klem, Krieger, Messerschmidt, Schmidt, Stolte, Terlinden, Voss

Mulchfolien
Dehner, Klem

Folien- und Gewächshaustunnel
Beckmann, Dehner, Dörken, Drebinger, Engel, Horstmann, Klem, Schumm, Stäbler, Stolte, Terlinden

Früh-, Mistbeete und Wanderkästen
Der Blühende Garten, Dehner, Dörken, Drebinger, Engel, Feddersen, Gutmann, Herkules, Horstmann, Hunecke,

Krieger, Kübler, Messerschmidt, Neher, Normstahl, Overmann, Rath, Schmidt, Selfkant, Stolte, Terlinden, Vöroka, Voss, Weiss, Wolf

Gesundung für säuregeschädigte Bäume

Cohrs-Säure-Stop, Cohrs
Tackes Baumhilfe, Tacke

Gewächshäuser

Anlehngewächshäuser (Wintergärten)

Bartscher, Beckmann, Drebinger, Eximpo, Feddersen, Gutmann, Hengesbach, Herkules, Hunecke, Krieger, Messerschmidt, Overmann, Rath, Schlachter, Schmidt, Schüco, Selfkant, Spittler, Stolte, Terlinden, Voss

Foliengewächshäuser

Beckmann, Dehner, Dörken, Engel, Feddersen, Klem, Stäbler, Terlinden

Glasgewächshäuser

Bartscher, Bernhard, Bertelsmeier, Der Blühende Garten, Dehner, Drebinger, Eximpo, Feddersen, Gutmann, Herkules, Horstmann, Hunecke, Krieger, Messerschmidt, Overmann, Rath, Schlachter, Schmidt, Selfkant, Spittler, Stolte, Terlinden, Voss, Weiss

Minigewächshäuser

Beckmann, Der Blühende Garten, Dehner, Dörken, Drebinger, Engel, Klem, Krieger, Messerschmidt, Schumm, Terlinden, Voss, Weiss

Gewächshauszubehör

Automatische Fensteröffner

Bartscher, Beckmann, Dehner, Drebinger, Eximpo, Feddersen, Herkules, Horstmann, Hunecke, Krieger, Messerschmidt, Overmann, Rath, Schlachter, Schmidt, Spittler, Stolte, Terlinden, Voss

Beheizungssysteme

Bartscher, Beckmann, Dehner, Drebinger, Eximpo, Feddersen, Gutmann, Hunecke, Krieger, Messerschmidt, Overmann, Rath, Schlachter, Schmidt, Stolte, Terlinden, Voss

Beleuchtung (wachstumsfördernde und Feuchtraumleuchten)

Bonacker (True Lite), Dehner, Drebinger, Eximpo, Feddersen, Krieger, Messerschmidt, Rath, Schlachter, Terlinden, Voss

Be- und Entlüftungsanlagen

Bartscher, Beckmann, Dehner, Drebinger, Engel, Feddersen, Gutmann, Krieger, Messerschmidt, Overmann, Rath, Schlachter, Schmidt, Terlinden, Voss

Bodenhygrometer (Erdfeuchtigkeitsmesser)

Dehner, Eximpo, Voss

Bodenthermometer

Dehner, Drebinger, Eximpo, Krieger, Messerschmidt, Rath, Stolte, Terlinden

Gewächshaustische und -regale

Bartscher, Beckmann, Dehner, Drebinger, Eximpo, Feddersen, Gutmann, Horstmann, Hunecke, Krieger, Messerschmidt, Overmann, Rath, Schlachter, Schmidt, Selfkant, Spittler, Stolte, Terlinden, Voss

Hygrometer (Luftfeuchtigkeitsmesser)

Bartscher, Beckmann, Dehner, Drebinger, Eximpo, Feddersen, Krieger, Messerschmidt, Schlachter, Stolte, Terlinden, Voss

Luftbefeuchtung
Bartscher, Eximpo, Feddersen, Krieger, Messerschmidt, Schlachter, Terlinden, Voss

Schattierungen
Bartscher, Dehner, Drebinger, Engel, Eximpo, Feddersen, Horstmann, Hunecke, Krieger, Messerschmidt, Overmann, Rath, Schmidt, Selfkant, Terlinden, Voss

Thermometer
Bartscher, Beckmann, Der Blühende Garten, Dehner, Drebinger, Eximpo, Feddersen, Krieger, Messerschmidt, Rath, Schlachter, Schmidt, Schumm, Stolte, Terlinden, Voss

Holzschutz und Ölfarben ohne Schadstoffe
Aglaia (Beeck), Auro, Biofa-Naturfarben, Cohrs, Der grüne Baum, Keller, Livos

Passive Sonnenenergienutzung
Beckmann (Beta Solar), Wagner

Saat-, Pflanzschalen und Keimgeräte

Heizplatten
Beckmann, Dehner, Drebinger, Krieger, Messerschmidt, Schumm, Voss

Keimgeräte
Bio-Elemente, Drebinger, Krieger, Schumm, Wolf

Saatschalen
Bartscher, Beckmann, Dehner, Drebinger, Feddersen, Krieger, Messerschmidt, Stolte, Terlinden, Voss, Wolf

Sämereien und Pflanzen aus biologischem Anbau
Kräutersamen und Gewürzpflanzen:
  Bornträger

Gemüse-, Gründüngungssamen, Gemüse- und Gewürzpflanzen:
  Cohrs und Filialen, Forschungsstelle für biol.-dynam. Samenerzeugung, Deutsche Vegetarier-Zentrale, Hild

Gemüse-, Kräuter- und Gründüngungssamen, Blumensamen: Beckmann, Fleischhauer, Geisel, Randuja, Sperling

Empfehlenswerte Literatur

Aussaattage, Maria Thun
Verlag Aussaattage
Postfach 14 46
D-3560 Biedenkopf/Lahn

Bio-Garten
Pala-Verlag GmbH
Schloßgraben 21
D-6117 Schaafheim, (0 60 73) 95 48

garten organisch
Kompost-Service
Aichelbergstr. 16/go, Postfach 31 40
D-7302 Ostfildern 4, (07 11) 45 55 99

Gartenrundbrief
Aus der biologisch-dynamischen Arbeit
Verlag Arbeitsgem. f. biol.-dyn. Wirtsch.
Mathystr. 34
D-7530 Pforzheim

Natur
Ringier Verlag GmbH
Postfach 70 15 29
D-8000 München 70
(0 89) 18 20 92

Wohnung + Gesundheit
Institut für Baubiologie + Oekologie
Abt. Verlag
D-8201 Neubeuern
(0 80 35) 20 39

Register

(Halbfette Zahlen weisen auf Abbildungen hin)

Abdeckung 52, 55, 79
Absaugventilator 47
Agryl P 17 11, **22**
Alginure-Verdunstungsschutz-spray 67
Alginure-Wurzeldip 18, 93
Algomin 12
Andrä, Hermann 82
Anlehngewächshaus **10**, 51, **53**, 55, 58, **100**
Anzucht **36**, 49
Anzuchterde 16
Anzuchtkästen **21**, 92
Aquavlies 66
Artischocke 104
Asbest 75
Aussaatkalender 18, 90
Außenschattierung **70**
automatischer Fensteröffner 47, 68

Baldrianblütenextrakt 17
Baufolie 78
Bausätze 76
Bauvorschriften 62
Beba, Hans 82, 84
Beete **25**, 32, 82, 83, 84, 85
Beta-Solar 31, 35, **45**, 46, 60
Bewässerung 64, **67**, 84
Bewässerungsmatten 66
Bier 117
biologisch-dynamische Präparate 18
biologisches Holzschutzmittel 34
biologisches Tageslicht True Lite 75
Biosmon 15
Bitumenanstrich 56
Bitumenpappe 78, 79
Blankglas 53
Boden **12, 25**
Bodenbedeckung 13, 17
Bodenheizkabel **68**
Bodenhygrometer 69
Bodenorganismen 12
Bodenthermometer 69
Bohnen 104
Boraximprägnierung 77
Brikett-Dauerbrandofen **46**
Buchenholzkohle 92

Dach **87**
Dachdecken 79
Dachfenster 47, 68
Dachneigung 60
Dämmerungsschalter 68
Dämmplatten 56, 75
Dampfsperre 56
Dichtbänder 54
Drainage 56
Drehzahlregler 69
Druckreduzierventil 66
Drucksprüher 67
Dünger 12
Düngetorf 16

Ecomin 92
Ecovital 17, **21**
Eierfrüchte 104
Eigenkonstruktionen 76, **100**
Einfachverglasung 52
Elektroschaltschrank 70
Endivie 108
Entlüftung 69
Equisan 92
Erdbeeren 104, **112**, 113
Ernteverfrühung 22, 23
Eternit 75

Federstahlstäbe 28, **30**
Fenster 47, 68, 69, **71**, 80
Fensteröffner **45**, 47, 68, **69**
Flammschutz 77
Folien 22, **26**, 119
Foliengewächshäuser **9**, 44, **48**, **49**
Folienhaltbarkeit 49
Folienhauben 27
Folientunnel 28
Frauenschuhblüten **43**
frostempfindliche Pflanzen **28**, **30**, **31**, **36**, **49**
Fruchtfolge **96**, **97**
Frühbeet **33**, **34**, **35**, **37**, 82
Frühbeetkasten **34**
Fuchsien **95**
Fundamente 51, 52, **53**, **56**, **57**, **87**
Fungizidrückstände 10
Fußbodenbelag 56

gärende Brennesseljauche 114
Gartenfit 72, **73**
Gartengeräte 72, **73**
Gartenkresse 108
gebeiztes Saatgut 15
Gemüse **48**, 91, **96, 103**
Gesteinsmehl 17
Gesundheit 74
Gewächshäuser **38**, **42**, 44, **45**, **50**, 51, **52**, 54, 56, 58, 76
Gewächshausabdeckung 74
Gewächshausformen **40, 41**
Gewächshauskonstruktion 78
Gewächshauslage **57, 58**
Gewächshauszubehör 64
Gießkanne **73**
Gitterfolie 30
Glas **119**
Glasgewächshaus 51

Grabegabel **12**, **73**
Grundieröl 77
Gründungspfosten **77**, 78
Gründüngungspflanzen **13**
Gurken 19, 24, 92, 104

Haltbarkeitsgarantie 55
Heizlüfter **45**, 46, 48, 67, 68
Heizplatte 14
Heizung 45, 46, 67
Heraklithplatten 75
Hochbauklinker 57
Hochbeet 82, 85
Holzfundamente 56, 77
Holzschutz 75, 76
Hornkieselpräparat Nr. 501 11, 74
Hornmistpräparat Nr. 500 11, 74, 92
Hügelbeet 82, **83**, 84
Hülsenfrüchte 96
Humofix 18
Hybriden 15
Hygrometer 67, 69
Hygrostate 67, 69

Imprägnierung 77
Innenausbau 80, **81**
Innenraumnutzung 60
Innenschattierung **71**
Insektizidrückstände 10
Isofloc 78
Isolierung **44**, 45

Jalousiefenster 69

Kalthausnutzung 98, **99**
Keimfähigkeit **16**
Keimgerät **16**
Kirschfliegenfallen **114**, 117
Kiwis 112
Klemmprofile 54
Klimazonen **48**
Kohl **20, 93**
Kohlrabi 104
Kompoststarter 13
Konstruktion 52
Korallalgenkalk 13, 17
Kräuter 17
Kräuterfirnis 77
Kunststoffgewächshäuser 50
Kupfergeräte 73
Kürbis 104
k-Wert 53, 55

Lamellenfenster **69**
Lauch 106
Leguminosen 13
Leinölfirnis 77
Leuchtstofflampen 68
Lichtbrechung **78**
Lichtdurchlässigkeit 22, 49, 55
Lichteinfall **59**
Lichtverlust 11
Lochfolie 23, 25, **27**
Luftbefeuchter **64**, 66
Luftpolsterfolien 41, **118**

Register

Luftstickstoffbindende Bakterien 13
Lüftung 46, 68
Lüftungsthermostat 69
Luziansteinmehl 12

Mangold 106
Maxima-Minima-Thermometer **47**, 69
Melone 106
Merckoquant 10020 10
Meßgeräte 69
Mischkultur 96, **97**
Mistbeet 82
Mistbeetkasten 32
Möhren 96, 106
Möhrenfliegen 96, 106
Mulchen 24
Mulchfolie 23, **24, 25**

Nacktschnecken 117
Nährstoffbedürfnis 91
Naturharz-Öllack 77
Neigungswinkel 58, 60
Neuseeländer Spinat 106
Nitrat 10, 74
Nord-Süd-Richtung 51, 58
Nützlinge 114

Ökodach 87
Ölöfen 46
Ölrettich **13**
Orchideen-Gewächshaus **64**
organischer Dünger 17
Ost-West-Richtung 51, 58

Paprika **24, 28**, 106
Pechimprägnierung 77
Pelargonien 95
Pflanzen 18
Pflanzenanzucht 14, **88**
Pflanzenschutzmittel 9
Pflanzer 72, **73**
Pflanzgefäße 86
Pflanzholz 93
Pflanzschaufel 72, **73**
Pikieren **20**
Pilzkrankheiten 67, 116
Plexiglasgewächshäuser 51
Plexiglas-Stegdoppelplatten 53
Polyäthylen 31, 49, 78
Polycarbonat 53
Porree 106
PVC 52, 53, 75
PVC-Stegdoppelplatten 53

Quarzsand 17

Radieschen 106
Rahmenkonstruktion 55

Raubmilben **116**, 117
Raumtemperatur 47
Regale 71
Regenschutzblech 57
Regenwasserfänger 66
Regenwassersammler **66**
Regenwassertonne **66**
Regler 66
Regulierventil 66
Rettich 108
Richtung 51, 58
Rindenhumus 16
Rippenrohrheizkörper 67, 68
rote Bete 108
Rotenburger Kombi-Gemenge 13
Rundbau-Anlehngewächshäuser **54**

Saatbäder 17, **18**
Saatgut 15
Saatschalen **14**, 92
Säen 18
Salat **21, 22**, 108
Samenzucht 15
Sanalux 74, **80**
Sauzahn 72, **73**
Schachtelhalm 74
Schachtelhalmbrühe 74
Schachtelhalmjauche 74
Schachtelhalmtee 11, 92
Schädlinge 114
Schattiermatten 70
Schattierung 49, 53, 55, **70**, 71
Schlitzfolie 23, 25
Schlupfwespen **117**
Schneckenfalle **117**
Schnittsalat 108
Schubkarre **73**
Schwachzehrer 91, 96
schwarze Bohnenlaus 116
Schwimmerventil 66
Seitenfenster 68
selbstgebautes Gewächshaus 76
Sellerie 108
Siebe **73**
Sockel 51, 52
Solarbeet 36, **37**
Solargewächshäuser 56, 58
Sonnenstrahleneinfall **58**
Spannbügelverschluß **47**
Spanplatten 75
Spaten **73**
Spinat 110
Spinnmilbe 117
Spritzgeräte 116
Spruzit 116
SPS 19, 93
Spundbretter 79
Stallatico 12

Standort 58
Starkzehrer 17, 20, 91, 96
Stecklinge 94
Stegdoppelplatten 42, 51, **52**, 53
Stegdreifachplatten 53
Steiner, Rudolf 82, 90
Steinmehl 12
Stellflächen 71

Tageslichtleuchte 75
Thermometer 47, 69
Thermostate 69
Thun, Maria 18, 90
Tische 71
Tomaten **27, 90**, 96, 110
Tonmineral 17
Torf 16
transparente Abdeckung 79
Tropenfenster 43
Tropfkante 57
Tropfrinne 80
Tropfschlauch 66
Tür 80

Übergangsheizung 67
Umlaufheizung 67, **68**
Unkrautsamen 16
UV-Licht 53

Ventilator 47, 68, **69**
Verbenen **90**
Verbrennungsgefahr 47, 55
Verglasungsarten 52, **54**
Verschalung **79**
Vlies 11, **22, 23**, 66, 119

Wanderkasten 32
Wärmedurchgangszahl 49, 55
Wärmespeicherung 60, **61**
Wärmeschutz 75
Warmhausnutzung 100, **101**
Warmwasserheizung 46
Wein 17
Weiße Fliegen **114**, 117
Weißtorf 16
Well-PVC 52
Wintergarten 51
Winterisolierung 49, 55
Winterkopfsalat 108
Winterpostelein 110

Zimmergewächshaus **42**
Zucchini 110
Zuckermais 110
Zuleitungsschlauch 66
Zusatzheizung 67
Zwangsentlüftung 69
Zwei-Schichten-Folie 30
Zwiebeln 96, 110